大方廣佛華嚴經

일러두기

1. 『대방광불화엄경 강설』 원문原文의 저본底本은 근세에 교정이 가장 잘 되었다고 정평이 나 있는 대만臺灣의 불타교육기금회佛陀教育基金會에서 출판한 『화엄경소초華嚴經疏鈔』본입니다.

2. 『대방광불화엄경 강설』은 실차난타實叉難陀가 695년부터 699년까지 4년에 걸쳐 번역해 낸 80권본卷本 『대방광불화엄경』을 우리말로 옮기고 강설을 붙인 것입니다.

3. 『대방광불화엄경』은 애초 산스크리트에서 한역漢譯된 경전이지만 현재 산스크리트본은 소실된 상태입니다. 산스크리트를 음차한 경우 굳이 원래 소리를 표기하려고 하기보다는 『표준국어대사전』이나 『불교사전』 등에 등재된 한자음을 사용하는 것을 원칙으로 하였습니다.

4. 경문의 한글 번역은 동국역경원본을 참고하여 그대로 또는 첨삭을 하며 의미대로 번역하고 다듬었습니다.

5. 각 품마다 내용에 따라 단락을 나누고 제목을 달았습니다. 단락의 제목은 주로 청량淸凉스님의 견해에 기초하였고 이통현李通玄장자의 견해를 참고로 하였습니다.

6. 『대방광불화엄경 강설』의 발행 순서는 한역 경전의 편재 순서를 기준으로 하였고 각 권은 단행본 한 권씩으로 출간될 예정이며 모두 80권으로 완간됩니다. 다만 80권본에 빠져 있는 「보현행원품」은 80권본 완역 및 강설 후 시리즈에 포함돼 추가될 예정입니다.

7. 『대방광불화엄경 강설』 안에서 불교용어를 풀이한 것은 운허스님이 저술하고 동국역경원에서 편찬한 『불교사전』을 인용하였습니다.

8. 각주의 청량스님의 소疏는 대만에서 입력한 大方廣佛華嚴經 사이트의 것을 사용하였습니다.

9. 『대방광불화엄경 강설』 입법계품에 들어가는 문수지남도는 북송北宋시대 불국佛國선사가 선재동자가 53명의 선지식을 친견하여 법을 구하는 장면을 하나하나 그림으로 그린 것입니다.

대방광불화엄경 강설
제 22 권

二十三. 승도솔천궁품 昇兜率天宮品

실차난타 實叉難陀 한역
무비스님 강설

서문

부처님께서 보리수나무 밑을 떠나지 않으시고, 또한 수미산 정상과 야마천궁을 떠나지 않으시고 드디어 도솔천궁에 올라가십니다. 기다리고 있던 도솔천왕은 아름다운 게송으로 도솔천궁을 이와 같이 찬탄합니다.

지난 옛적 무애월無礙月여래 계시었는데
여러 가지 길상 중에 가장 수승하여
그 부처님이 장엄전莊嚴殿에 일찍 드시었으니
그러므로 이곳이 가장 길상합니다.

지난 옛적 광지廣智여래 계시었는데
여러 가지 길상 중에 가장 수승하여
그 부처님이 이 금색전金色殿에 일찍 드시었으니
그러므로 이곳이 가장 길상합니다.

지난 옛적 보안普眼여래 계시었는데
여러 가지 길상 중에 가장 수승하여
그 부처님이 이 연화전蓮華殿에 일찍 드시었으니
그러므로 이곳이 가장 길상합니다.

　이 글을 읽는 우리 모두도 다 함께 본래의 처소를 떠나지 않은 채 도솔천궁에 올라가서 이 법회에 동참하였습니다. 그리고 도솔천왕의 이와 같은 노래를 함께 듣습니다. 이처럼 화엄경에서는 시간과 공간이 자유자재합니다. 이상과 현실이 자유자재합니다.
　부디 화엄경의 환희로 화엄경을 천착하며 공부하는 삶을 삽시다.

2015년 2월 15일
신라 화엄종찰 금정산 범어사
如天 無比

대방광불화엄경 목차

제1권	1. 세주묘엄품世主妙嚴品 [1]		제18권	18. 명법품明法品
제2권	1. 세주묘엄품世主妙嚴品 [2]		제19권	19. 승야마천궁품昇夜摩天宮品
제3권	1. 세주묘엄품世主妙嚴品 [3]			20. 야마천궁게찬품夜摩天宮偈讚品
제4권	1. 세주묘엄품世主妙嚴品 [4]			21. 십행품十行品 [1]
제5권	1. 세주묘엄품世主妙嚴品 [5]		제20권	21. 십행품十行品 [2]
제6권	2. 여래현상품如來現相品		제21권	22. 십무진장품十無盡藏品
제7권	3. 보현삼매품普賢三昧品		**제22권**	**23. 승도솔천궁품昇兜率天宮品**
	4. 세계성취품世界成就品		제23권	24. 도솔궁중게찬품兜率宮中偈讚品
제8권	5. 화장세계품華藏世界品 [1]			25. 십회향품十廻向品 [1]
제9권	5. 화장세계품華藏世界品 [2]		제24권	25. 십회향품十廻向品 [2]
제10권	5. 화장세계품華藏世界品 [3]		제25권	25. 십회향품十廻向品 [3]
제11권	6. 비로자나품毘盧遮那品		제26권	25. 십회향품十廻向品 [4]
제12권	7. 여래명호품如來名號品		제27권	25. 십회향품十廻向品 [5]
	8. 사성제품四聖諦品		제28권	25. 십회향품十廻向品 [6]
제13권	9. 광명각품光明覺品		제29권	25. 십회향품十廻向品 [7]
	10. 보살문명품菩薩問明品		제30권	25. 십회향품十廻向品 [8]
제14권	11. 정행품淨行品		제31권	25. 십회향품十廻向品 [9]
	12. 현수품賢首品 [1]		제32권	25. 십회향품十廻向品 [10]
제15권	12. 현수품賢首品 [2]		제33권	25. 십회향품十廻向品 [11]
제16권	13. 승수미산정품昇須彌山頂品		제34권	26. 십지품十地品 [1]
	14. 수미정상게찬품須彌頂上偈讚品		제35권	26. 십지품十地品 [2]
	15. 십주품十住品		제36권	26. 십지품十地品 [3]
제17권	16. 범행품梵行品		제37권	26. 십지품十地品 [4]
	17. 초발심공덕품初發心功德品		제38권	26. 십지품十地品 [5]

제39권	26. 십지품十地品 [6]		제58권	38. 이세간품離世間品 [6]
제40권	27. 십정품十定品 [1]		제59권	38. 이세간품離世間品 [7]
제41권	27. 십정품十定品 [2]		제60권	39. 입법계품入法界品 [1]
제42권	27. 십정품十定品 [3]		제61권	39. 입법계품入法界品 [2]
제43권	27. 십정품十定品 [4]		제62권	39. 입법계품入法界品 [3]
제44권	28. 십통품十通品		제63권	39. 입법계품入法界品 [4]
	29. 십인품十忍品		제64권	39. 입법계품入法界品 [5]
제45권	30. 아승지품阿僧祇品		제65권	39. 입법계품入法界品 [6]
	31. 여래수량품如來壽量品		제66권	39. 입법계품入法界品 [7]
	32. 보살주처품菩薩住處品		제67권	39. 입법계품入法界品 [8]
제46권	33. 불부사의법품佛不思議法品 [1]		제68권	39. 입법계품入法界品 [9]
제47권	33. 불부사의법품佛不思議法品 [2]		제69권	39. 입법계품入法界品 [10]
제48권	34. 여래십신상해품如來十身相海品		제70권	39. 입법계품入法界品 [11]
	35. 여래수호광명공덕품 如來隨好光明功德品		제71권	39. 입법계품入法界品 [12]
			제72권	39. 입법계품入法界品 [13]
제49권	36. 보현행품普賢行品		제73권	39. 입법계품入法界品 [14]
제50권	37. 여래출현품如來出現品 [1]		제74권	39. 입법계품入法界品 [15]
제51권	37. 여래출현품如來出現品 [2]		제75권	39. 입법계품入法界品 [16]
제52권	37. 여래출현품如來出現品 [3]		제76권	39. 입법계품入法界品 [17]
제53권	38. 이세간품離世間品 [1]		제77권	39. 입법계품入法界品 [18]
제54권	38. 이세간품離世間品 [2]		제78권	39. 입법계품入法界品 [19]
제55권	38. 이세간품離世間品 [3]		제79권	39. 입법계품入法界品 [20]
제56권	38. 이세간품離世間品 [4]		제80권	39. 입법계품入法界品 [21]
제57권	38. 이세간품離世間品 [5]		제81권	40. 보현행원품普賢行願品

대방광불화엄경 강설 제22권

二十三. 승도솔천궁품 昇兜率天宮品

1. 시방 일체 세계에서 열리는 법회 ····················· 15

2. 보리수 아래를 떠나지 않고 도솔타천에 오르다 ··· 18

3. 부처님 처소의 장엄 ····················· 20
   1) 사자좌 장엄의 덕 ····················· 20
   2) 사자좌의 장엄 ····················· 24
   3) 누각의 장엄 ····················· 25
   4) 휘장의 장엄 ·····················27
   5) 사자좌 주변의 장엄 ····················· 29
   6) 사자좌 사방의 미묘한 보배 장엄 ····················· 31

7) 보배영락이 두루 드리운 장엄 ······································ 34
8) 향의 장엄 ··· 36
9) 구름을 비 내리는 장엄 ··· 38
10) 20구절의 뒤섞인 장엄 ··· 41
11) 9구절의 광명 장엄 ··· 44
12) 9구절의 하늘보배옷 장엄 ·· 46
13) 10구절의 하늘깃대 장엄 ··· 47
14) 음악 소리의 장엄 ··· 49
15) 찬탄하는 소리의 장엄 ··· 51
16) 설법으로 중생을 이익하게 하는 장엄 ························ 53
17) 보살의 지위에 나아가서 이익을 나타내는 장엄 ········ 56
18) 여러 가지 이익을 얻는 장엄 ······································ 59
19) 보살행에 나아가서 이익을 얻는 장엄 ······················· 61
20) 큰 작용에 나아가서 이익을 얻는 장엄 ····················· 63
21) 팔부와 인천의 예경 ··· 64
22) 제천의 삼업 예경 장엄 ··· 67
23) 보살들이 섬기고 공양하는 장엄 ································ 73
24) 여러 천자들이 몸소 나아가는 장엄 ··························· 76
25) 보살들이 법공양을 수행하는 장엄 ···························· 77
26) 선근 인연이 깊음 ··· 79
27) 일체 세계의 도솔천왕도 그와 같다 ··························· 80

4. 부처님을 맞이하여 공양하다 ················· 83

1) 여러 천자들이 공양하다 ················· 83
2) 보살 대중들의 공양 ················· 86
3) 부처님을 뵙다 ················· 87
4) 부처님을 받들어 영접하다 ················· 89
5) 옷에 공양거리를 담아서 공양하다 ················· 90
6) 도솔천자가 마음을 일으켜 공양하고 장엄하다 ········ 92
7) 백천억 천자들이 마음을 일으켜 공양하다 ·········· 96
8) 보살 대중의 많은 수행으로 얻은 많은 과보의 공양 ······ 100
9) 한 가지 수행으로 얻은 한 가지 과보의 공양 ·········· 102
10) 한 가지 수행으로 얻은 많은 과보의 공양 ·········· 104
11) 보살들의 몸에서 수많은 보살들을 내어 공양하다 ········ 105

5. 여러 대중들이 부처님의 수승한 공덕을 보다 ··· 108

1) 대중들이 여래를 친견하다 ················· 108
2) 여래의 공덕을 관찰하다 ················· 109
3) 형상이 없는 법에 나아가다 ················· 111
4) 부처님이 머무는 곳에 머물다 ················· 112
5) 일체 부처님의 평등성에 이르렀음을 밝히다 ·········· 114
6) 일체 장애를 대치하는 공덕 ················· 117

7) 문장과 구절의 진실한 뜻을 잘 연설하는 공덕 ············ 118

8) 세간에 있으되 세간에 걸리지 않는 공덕 ················ 119

9) 정법을 세우는 공덕 ······································ 121

10) 수기하는 공덕 ··· 122

11) 몸이 일체 세계에 시현하는 공덕 ······················ 124

12) 일체 법에 막힘이 없는 공덕 ·························· 125

13) 근기를 따라 몸을 나타내는 공덕 ····················· 127

14) 여러 가지 행을 행하는 공덕 ·························· 129

15) 미묘한 지혜를 내는 공덕 ····························· 131

16) 수승한 이해와 같이 시현하는 공덕 ··················· 132

17) 한량없는 다라니로 중생을 조복하는 공덕 ············ 133

18) 평등법신으로 바라밀이 원만한 공덕 ·················· 134

19) 수승한 이해를 따라서 차별한 불국토를 시현하는 공덕 ··· 136

20) 부처님의 세 가지 몸의 제한이 없는 공덕 ············ 141

21) 일체 중생을 이익하게 하는 공덕 ···················· 143

22) 여래의 다함이 없는 공덕 ···························· 146

23) 관찰하고 이해하는 일을 다 맺다 ···················· 149

24) 대중들이 부처님의 모공광명을 보다 ················· 151

25) 부처님이 몸에서 광명을 놓으시다 ··················· 153

26) 부처님이 몸에서 광명을 놓은 뜻 ···················· 158

27) 수승한 덕을 나타내 보이다 ················ 161
   (1) 아래로 중생을 이익하게 하다 ············ 161
   (2) 위로는 부처님의 도를 넓히다 ············ 166

6. 부처님을 궁전으로 청하다 ················ 170

7. 부처님이 도솔천왕의 청을 받다 ············ 172
1) 부처님이 궁전에 들어가시다 ················ 172
2) 궁전의 장엄과 공양구름 ···················· 175

8. 도솔천왕이 이익을 얻다 ···················· 178

9. 도솔천왕의 게송 찬탄 ······················ 180

10. 부처님이 사자좌에 오르다 ················ 189
1) 사자좌에서 결가부좌하시다 ················ 189
2) 부처님의 덕을 나타내다 ···················· 190
3) 대중이 운집하다 ···························· 192
4) 궁진의 장임 ································ 193

대방광불화엄경 강설

제22권

二十三. 승도솔천궁품

화엄경 7처 9회 39품 중에 제5회 3품 설법이다. 3품은 세존이 도솔천궁에 올라가시는 승도솔천궁품昇兜率天宮品과 도솔궁중게찬품兜率宮中偈讚品과 십회향품十廻向品이다. 먼저 세존이 도솔천궁으로 올라가시는 과정을 그린 승도솔천궁품이다. 다음의 도솔궁중게찬품과 함께 5회 3품 설법의 서론에 해당한다. 본론은 십회향품이다. 도솔궁중의 일체 사자좌의 장엄과 누각의 장엄에서부터 보살 대중에 이르기까지 모든 수가 백만억으로 불어났다. 십회향법이 그와 같이 높다는 것을 나타낸 것이다.

1. 시방 일체 세계에서 열리는 법회

爾時_에 佛神力故_로 十方一切世界一一四天下閻浮提中_에 皆見如來_가 坐於樹下_{어시든} 各有菩薩_이 承佛神力_{하고} 而演說法_{하야} 靡不自謂恒對於佛_{이러니라}

그때에 부처님의 위신력으로 시방 일체 세계의 낱낱 사천하四天下 염부제閻浮提에 여래께서 보리수 아래에 앉아 계심을 뵙고는 각각 보살들이 부처님의 위신력을 받들어 법을 연설하면서 부처님을 자신이 항상 모신다고 생각하지 않는 이가 없었습니다.

경전의 시작으로 부처님께서 도솔타천으로 올라가시기 전 보살들의 생각을 밝혔다. 보살들은 부처님의 위신력으로 시방 일체 세계의 낱낱 사천하 염부제에 여래께서 보리수 아래에 앉아 계심을 본다. 시방의 각 방위마다 일체 세계에 각각 사천하가 있고 또 염부제가 있다. 그 각각의 염부제에 있는 보살들은 법을 연설하면서 자신이 항상 부처님을 모신다고 생각한다. 보살들만 그렇겠는가. 일체 중생과 일체 생명이 모두 각각의 자기 생명 부처님을 모시고 있다.

선게禪偈에,

"밤마다 밤마다 부처를 안고 자고
아침마다 아침마다 함께 일어난다.
일어나고 앉을 때 서로 따라다니고
말을 하거나 묵묵할 때 함께 있으면서
추호도 서로 떠나 있지 않는 것이
몸의 그림자와 똑같구나.
부처님이 간 곳을 알고자 하는가.
다만 말하는 소리가 그것이구나."[1]

라고 하였다.

  이와 같이 보아야 부처님을 바로 본 것이고 이와 달리 보면 삿되게 보는 것이다.

---

1) 夜夜抱佛眠 朝朝還共起 起坐鎭相隨 語默同居止 纖毫不相離 如身影相似 欲識佛去處 只遮語聲是.

2. 보리수 아래를 떠나지 않고 도솔타천에 오르다

爾時에 世尊이 復以神力으로 不離於此菩提樹
下와 及須彌頂과 夜摩天宮하시고 而往詣於兜率
陀天一切妙寶所莊嚴殿하시니라

그때에 세존께서는 다시 위신력으로 이 보리수 아래와 수미산 정상과 야마천궁을 떠나지 않으시고 도솔타천으로 나아가시어 일체의 미묘한 보배로 장엄한 궁전으로 향하시었습니다.

보리수 아래를 떠나지 않았다는 그 보리수란 무엇인가. 자신이 본래로 부처님이란 사실을 깨달은 사람이나 깨닫지 못한 사람이나 항상 본각本覺 자리인 본래로 깨닫고 있다는 그 실상을 떠나서는 한순간도 존재할 수 없다는 사실을 확인하고 시작하는 것이다. 눈뜬 사람도 눈을 감은 사람도 역시 자기 자신이다. 예컨대 바다 속에 있는 용왕이나 멸치나 모두 바다 속에서 생로병사하고 생주이멸生住異滅한다. 부처님께서 수미산을 오르신들, 야마천을 오르신들, 도솔타천을 오르신들 뭐가 그리 멀리 떠난 것이겠는가. 언제나 그 자리인 것을.

3. 부처님 처소의 장엄

1) 사자좌 장엄의 덕

時_에 兜率天王_이 遙見佛來_{하고} 卽於殿上_에 敷摩尼藏獅子之座_{하니} 其獅子座_가 天諸妙寶之所集成_{이며}

그때에 도솔타천왕은 부처님께서 멀리서 오심을 보고 곧 궁전에 마니장 사자좌를 펴놓았습니다. 그 사자좌는 천상의 여러 가지 아름다운 보배로 만들어져 있었습니다.

부처님 처소가 낱낱이 백만억으로 장엄되었음을 밝히는

데 먼저 부처님이 앉으시는 사자좌 장엄의 덕을 설명하였다. 도솔타천왕이 부처님을 위하여 사자좌를 펴놓았는데 그 사자좌는 마니보석과 온갖 아름다운 보배로 이뤄졌다.

과거수행선근소득 일체여래신력소현
過去修行善根所得이며 **一切如來神力所現**이며

무량백천억나유타아승지선근소생 일체여
無量百千億那由他阿僧祇善根所生이며 **一切如**

래정법소기 무변복력지소엄영
來淨法所起며 **無邊福力之所嚴瑩**이며

과거에 닦은 선근으로 얻은 것이며, 일체 여래의 위신력으로 나타난 것이며, 한량없는 백천억 나유타 아승지 선근으로 생긴 것이며, 일체 여래의 청정한 법으로 된 것이며, 그지없는 복덕의 힘으로 아름답게 장엄된 것이었습니다.

부처님의 사자좌가 마니보석과 온갖 아름다운 보배로 이뤄진 까닭을 밝혔다. 과거에 닦은 선근과 일체 여래의 위신력과 일체 여래의 청정한 법과 끝없는 복덕의 힘으로 장엄된 것이다. 보통 사람들이 누리는 의식주와 기타 생활환경이 모두 그 사람이 지은 복과 닦은 공덕으로 이뤄진 것과 같다. 예컨대 출가 수행자는 출가 수행의 인연 공덕으로 그와 같은 환경에서 사는 것과 같다.

淸淨業報_라 不可沮壞_며 觀者欣樂_{하야} 無有厭足_{이며} 是出世法_{이라} 非世所染_{이며} 一切衆生_이 咸來觀察_{호대} 無有能得究其妙好_라

청정한 업의 과보이므로 파괴할 수 없으며, 보는 이들이 좋아하여 싫은 줄을 모르며, 이것이 세간을 벗어난 법인지라 세간에 물들지 아니하며, 일체 중생이 모두 와서 보더라도 그 미묘하고 아름다움을 끝까지 궁구할 이가 없었습니다.

부처님이 앉으시는 사자좌 장엄의 덕이 이와 같다. 청정한 업의 과보이기 때문에 다른 누구의 힘으로도 파괴할 수 없다. 보통 사람들도 스스로 지어 놓은 복덕 인연은 아무리 받지 않으려고 해도 받지 않을 수 없다. 자신이 누리는 생활 환경은 일체가 자신이 지어 놓은 인연을 따라 받게 되는 것이다.

  부처님의 사자좌는 보는 사람마다 다 좋아하며 싫어하지 않는다. 또 세간을 벗어난 법인지라 세간에 물들지 않는다. 얼마나 아름다운지 일체 중생이 다 와서 살펴보더라도 그 아름다움을 다 알 수 없다. 중국 무석에 있는 영산대불 도량에 범궁梵宮이라는 부처님의 궁전이 있다. 이 궁전은 얼마나 화려하고 아름답게 장엄을 하였는지 도저히 다 알 수가 없다. 인간이 만든 궁전도 이와 같은데 도솔타천왕이 부처님을 위해서 만든 사자좌야 일러 무엇하겠는가.

2) 사자좌의 장엄

有百萬億層級이 周帀圍繞하며 百萬億金網과
百萬億華帳과 百萬億寶帳과 百萬億鬘帳과 百萬億香帳으로 張施其上하고 華鬘垂下하야 香氣普熏하며 百萬億華蓋와 百萬億鬘蓋와 百萬億寶蓋를 諸天執持하고 四面行列하며 百萬億寶衣로 以敷其上하니라

　백만억 층계가 두루 둘리어 있는데, 백만억 금그물과 백만억 꽃휘장과 백만억 보배휘장과 백만억 화만華鬘휘장과 백만억 향휘장을 그 위에 둘러치고 화만을 드리워 향기가 널리 풍기었습니다. 백만억 꽃일산日傘과 백만억 화만일산과 백만억 보배일산을 여러 천신들이 받들고 사면으로 행렬을 이루었으니 백만억 보배의복을 그 위

에 펼쳤습니다.

사자좌의 장엄과 누각의 장엄과 휘장의 장엄 등 일체 장엄이 모두 184종류로 표현되었다. 백만억으로 표현하였는데, 제3회 십주법+住法을 설할 때는 일만이었고 제4회 십행법+行法을 설할 때는 백만이라고 하였으나 제5회에서는 수행계위가 더욱 높아진 십회향법+廻向法을 설하기 때문에 그 숫자가 백만억인 것이다. 보살의 모든 수행법과 그 계위를 어찌 숫자로 표현할 수 있겠는가마는 법을 듣는 사람들의 이해를 돕기 위하여 숫자를 빌려 상징적으로 표현한 것이다. 만일 사자좌의 한 층을 1미터라고 한다 하더라도 백만억 미터면 도대체 몇 킬로미터가 될까? 대략 지구에서 태양까지의 거리쯤 될까?

3) 누각의 장엄

백만억 누각　　　기환장엄　　　백만억 마니 망
百萬億樓閣이 綺煥莊嚴하며 百萬億摩尼網과

백만억보망 미부기상 백만억보영락망
百萬億寶網으로 **彌覆其上**하며 **百萬億寶瓔珞網**이

사면수하 백만억상엄구망 백만억개망
四面垂下하며 **百萬億莊嚴具網**과 **百萬億蓋網**과

백만억의망 백만억보장망 이장기상 백
百萬億衣網과 **百萬億寶帳網**으로 **以張其上**하며 **百**

만억보연화망 개부광영 백만억보향망
萬億寶蓮華網이 **開敷光榮**하며 **百萬億寶香網**에

기향미묘 칭열중심
其香美妙하야 **稱悅衆心**하니라

　백만억 누각이 찬란하게 장엄되었으니, 백만억 마니 그물과 백만억 보배그물이 그 위에 덮이었고, 백만억 보배영락그물이 사면으로 드리워져 있었습니다. 또 백만억 장엄거리그물과 백만억 일산그물과 백만억 옷그물과 백만억 보배휘장그물이 그 위에 둘리었습니다. 또 백만억 보배연꽃그물은 찬란하게 꽃이 피었고, 백만억 보배향그물은 그 향기가 아름다워서 여러 사람들의 마음을 기쁘게 하였습니다.

　백만억 누각의 백만억 장엄을 밝혔다. 마음의 날개를 펴

서 마음껏 상상하는 장엄들이라면 어디 백만억뿐이겠는가. 백만억의 백만억도 더 넘으리라. 연꽃은 만발하고 아름다운 향기는 대중들의 마음을 기쁘게 한다. 백만억 아름다운 누각의 장엄이 그려지는 대목이다.

4) 휘장의 장엄

百萬億寶鈴帳_에 其鈴微動_{하야} 出和雅音_{하며} 百萬億栴檀寶帳_에 香氣普熏_{하며} 百萬億寶華帳_에 其華敷榮_{하며} 百萬億衆妙色衣帳_이 世所希有_며 百萬億菩薩帳_과 百萬億雜色帳_과 百萬億眞金帳_과 百萬億瑠璃帳_과 百萬億種種寶帳_을 悉張其上_{하며} 百萬億一切寶帳_을 大摩尼寶_로 以爲莊嚴_{하니라}

(백만억보령장에 기령미동하야 출화아음하며 백만억전단보장에 향기보훈하며 백만억보화장에 기화부영하며 백만억중묘색의장이 세소희유며 백만억보살장과 백만억잡색장과 백만억진금장과 백만억유리장과 백만억종종보장을 실장기상하며 백만억일체보장을 대마니보로 이위장엄하니라)

백만억 보배풍경휘장에서는 풍경이 미동하여 화평한 소리를 자아내고, 백만억 전단보배휘장에서는 향기가 널리 풍기고, 백만억 보배꽃휘장에서는 꽃이 한창 피었고, 백만억 묘한 빛깔 옷휘장은 세상에 희유한 것이며, 백만억 보살휘장과 백만억 잡색휘장과 백만억 진금휘장과 백만억 유리휘장과 백만억 가지각색 보배휘장을 그 위에 둘렀으며, 백만억 온갖 보배휘장을 큰 마니보석으로 장엄하였습니다.

　휘장이란 장막이며 커튼이다. 요즘은 커튼으로 집안이나 공연장이나 행사장을 다 꾸민다. 아무리 초라한 집이나 사찰이라도 등을 달고 커튼으로 곳곳을 화려하게 장엄하면 아주 새로운 분위기를 연출할 수 있다. 백만억 수의 여러 가지 커튼을 곳곳에 드리운 광경을 상상해 보라. 그것만으로도 그 장엄함에 숨이 막히는 감동이 있을 것이다.

5) 사자좌 주변의 장엄

百萬億妙寶華가 周帀榮飾하며 百萬億頻婆帳이 殊妙間錯하며 百萬億寶鬘과 百萬億香鬘이 四面 垂下하며 百萬億天堅固香에 其香普熏하며 百萬億天莊嚴具瓔珞과 百萬億寶華瓔珞과 百萬億勝藏寶瓔珞과 百萬億摩尼寶瓔珞과 百萬億海摩尼寶瓔珞으로 莊嚴座身하며 百萬億妙寶繒綵로 以爲垂帶하니라

 백만억 묘한 보배꽃이 두루 장식하였고, 백만억 빈바頻婆휘장이 아주 묘하게 사이사이 섞이었고, 백만억 보배화만과 백만억 향화만이 사면에 드리웠으며, 백만억 하늘의 견고한 향에서는 향기가 널리 퍼지고, 백만억

하늘장엄거리영락과 백만억 보배꽃영락과 백만억 훌륭한 보배창고영락과 백만억 마니보석영락과 백만억 바다마니보배영락이 사자좌의 전체를 장엄하고, 백만억 보배비단으로 띠를 드리웠습니다.

청량스님은 "백만억 빈바頻婆휘장이란 구절은 백만억 묘한 보배꽃[百萬億妙寶華]이라는 구절 앞에 있어야 글이 편하다." "또 빈바頻婆란 말은 몸 그림자 바탕[身影質]이라 번역하는데 휘장의 장엄거리 중에 바깥 바탕을 나타내는 그림자이기 때문이다."[2]라고 하였다. 앞 단락에 휘장에 대한 구절이 계속되었기 때문에 같은 내용은 같이 있어야 하기 때문이다.

---

2) 其頻婆帳應在寶華之前. 類例穩便. 亦可十二句辨帳. 九句嚴座身.【頻婆】者：此云身影質：謂帳莊嚴具中, 現外質之影故.

6) 사자좌 사방의 미묘한 보배 장엄

百萬億因陀羅金剛寶와 百萬億自在摩尼寶와 百萬億妙色眞金藏으로 以爲間飾하며 百萬億毘盧遮那摩尼寶와 百萬億因陀羅摩尼寶가 光明照耀하며 百萬億天堅固摩尼寶로 以爲牕牖하며 百萬億淸淨功德摩尼寶가 彰施妙色하며 百萬億淸淨妙藏寶로 以爲門闥하며

백만억 인다라因陀羅금강보석과 백만억 자재한 마니보석과 백만억 묘한 빛 진금장眞金藏으로 사이사이 장식하였으며, 백만억 비로자나마니보배와 백만억 인다라마니보석에서는 광명이 찬란하게 빛나고, 백만억 하늘의 견고한 마니보석은 창문들이 되고, 백만억 청정한 공덕마니보석은 묘한 색채를 빛내고, 백만억 청정하고 묘한

장藏의 보배로 문이 되어 있었습니다.

부처님이 앉으시는 사자좌의 사방에는 미묘한 장엄이 여러 번 중복되어 있다. 아마도 십회향 설법이 매우 풍성함을 사자좌의 장엄으로 미리 상징하여 밝히는 뜻이리라. 사자좌란 곧 부처님이 앉아서 법을 설하시는 자리이기 때문에 사자좌의 격이 바로 설법의 격을 보여 주는 것이다. 그래서 요즘도 법당은 작아도 법상法床은 매우 화려하고 근사하게 만든다.

百萬億世中最勝半月寶와 百萬億離垢藏摩尼寶와 百萬億獅子面摩尼寶로 間錯莊嚴하며 百萬億心王摩尼寶가 所求如意하며 百萬億閻浮檀摩尼寶와 百萬億淸淨藏摩尼寶와 百萬億帝幢

마니보 함방광명 미부기상 백만억백
摩尼寶가 咸放光明하야 彌覆其上하며 百萬億白

은장마니보 백만억수미당마니보 장엄기
銀藏摩尼寶와 百萬億須彌幢摩尼寶로 莊嚴其

장
藏하니라

　백만억 세상에서 가장 훌륭한 반달보배와 백만억 때를 떠난 마니보배와 백만억 사자얼굴마니보배가 사이사이 장엄하였으며, 백만억 심왕心王마니보배에서는 구하는 것이 마음대로 되며, 백만억 염부단마니보배와 백만억 청정장마니보배와 백만억 제당帝幢마니보배에서는 모두 광명을 놓아 그 위에 가득 덮었으며, 백만억 백은장白銀藏마니보배와 백만억 수미당須彌幢마니보배로는 그 속[藏]을 장엄하였습니다.

　"백만억 심왕心王마니보배에서는 구하는 것이 마음대로 된다."고 하였다. 일체는 오직 마음이 만든다는 유심사상이 마니보배에서도 표현되었다. '마니'란 말도 번역하면 실은 여의如意다. 무엇이든 뜻대로 된다는 의미다.

7) 보배영락이 두루 드리운 장엄

百萬億眞珠瓔珞과 百萬億瑠璃瓔珞과 百萬億赤色寶瓔珞과 百萬億摩尼瓔珞과 百萬億寶光明瓔珞과 百萬億種種藏摩尼瓔珞과 百萬億甚可樂見赤眞珠瓔珞과 百萬億無邊色相摩尼寶瓔珞과 百萬億極淸淨無比寶瓔珞과 百萬億勝光明摩尼寶瓔珞으로 周帀垂布하야 以爲莊嚴하며 百萬億摩尼身으로 殊妙嚴飾하며 百萬億因陀羅妙色寶하니라

 백만억 진주영락과 백만억 유리영락과 백만억 붉은 보배[赤色寶]영락과 백만억 마니영락과 백만억 보배광명

영락과 백만억 종종장種種藏마니영락과 백만억 보기 좋은 적진주영락과 백만억 그지없는 빛깔 마니보배영락과 백만억 극히 청정하여 비길 데 없는 보배영락과 백만억 수승한 광명마니보배영락이 두루 드리워 장엄하였으며, 백만억 마니몸으로 기묘하게 장식하고, 백만억 인다라 묘한 빛 보배가 있었습니다.

영락이란 구슬을 꿰어 만든 장신구로서 목이나 팔 따위에 두르는 것이다. 박경리의 『토지土地』에 이런 글이 있다. "청초한 선에 현란한 색채, 가슴까지 늘어진 영락이며, 화만은 찬란하고 투명한 베일 속의 청정한 육신이 숨 쉬고 있는 것만 같다." 그냥 영락이 아니라 진주영락, 유리영락, 적색보석영락, 마니영락, 보배광명영락 등등이 백만억이나 된다. 청량스님은 "마니몸[摩尼身] 아래 두 구절은 글이 결손과 생략이 있는 듯하다. 또 인다라 묘한 빛 보배[因陀羅妙色寶] 아래는 결속結屬하는 바가 없다. 또 아래 향에 대한 종류와 같은 글도 아니라서 따로 한 단락으로 삼을 수도 없다."[3]라고 하였다.

---

3) 〈六〉十二句瓔珞周垂嚴 : 其【摩尼身】下二句, 文似缺略 : 謂【因陀羅妙色寶】下, 無所結屬. 又非下之香類, 不可別為一段.

8) 향훈의 장엄

百萬億黑栴檀香_과 百萬億不思議境界香_과
百萬億十方妙香_과 百萬億最勝香_과 百萬億甚
可愛樂香_이 咸發香氣_{하야} 普熏十方_{하며} 百萬億頻
婆羅香_이 普散十方_{하며} 百萬億淨光香_이 普熏衆
生_{하며} 百萬億無邊際種種色香_이 普熏一切諸佛
國土_{하야} 永不歇滅_{하니라}

백만억 검은 전단향과 백만억 부사의한 경계_{境界}향과 백만억 시방에 기묘한 향과 백만억 가장 좋은 향과 백만억 매우 사랑스러운 향이 향기를 발산하여 시방에 풍기며, 백만억 빈바라향을 시방에 흩었고, 백만억 깨끗한 광명향이 중생에게 퍼지고, 백만억 끝없는 갖가지 빛깔향이 일체 모든 부처님 국토에 풍기어 영원히 없어지지 아니하였습니다.

열여섯 구절은 향으로써 장엄을 삼았다. 먼저 여덟 구절이다. 갖가지 아름다운 향기가 발산하여 시방에 널리 풍기며 사방에 흩어지고, 중생과 부처님 국토에 널리 풍기어 영원히 없어지지 아니하였다.

百萬億塗香과 百萬億熏香과 百萬億燒香이 香氣發越하야 普熏一切하며 百萬億蓮華藏沈水香이 出大音聲하며 百萬億遊戲香이 能轉衆心하며 百萬億阿樓那香이 香氣普熏하야 其味甘美하며 百萬億能開悟香이 普徧一切하야 令其聞者로 諸根寂靜하며 復有百萬億無比香王香으로 種種莊嚴하니라

백만억 바르는 향과 백만억 쏘이는 향과 백만억 사르는 향은 향기가 멀리 퍼져 모든 것에 풍기고, 백만억 연꽃침수향沈水香은 큰 음성을 내고, 백만억 유희향遊戲香은 여럿의 마음을 움직이고, 백만억 아루나향은 향기가 멀리 퍼져 그 맛이 아름다우며, 백만억 능히 깨닫게 하는 향은 일체에 두루 퍼져 맡는 이로 하여금 모든 근根을 고요하게 하고, 또 백만억 견줄 데 없는 향 중의 왕王인 향으로 갖가지 장엄하였습니다.

　바르는 향, 쏘이는 향, 사르는 향이 멀리 퍼져 모든 것에 풍긴다. 심지어 능히 깨닫게 하는 향은 일체에 두루 퍼져 그 향기를 맡는 이로 하여금 모든 근根을 고요하게 하였다. 아루나阿樓那는 홍적색紅赤色이라 번역한다.

9) 구름을 비 내리는 장엄

우 백 만 억 천 화 운　　우 백 만 억 천 향 운　　우
雨百萬億天華雲하며 雨百萬億天香雲하며 雨

백만억천말향운　　우백만억천구소마화운
百萬億天末香雲하며 雨百萬億天拘蘇摩華雲하며

우백만억천파두마화운　　우백만억천우발라
雨百萬億天波頭摩華雲하며 雨百萬億天優鉢羅

화운　　우백만억천구물두화운　　우백만억
華雲하며 雨百萬億天拘物頭華雲하며 雨百萬億

천분다리화운　　우백만억천만다라화운
天芬陀利華雲하며 雨百萬億天曼陀羅華雲하며

우백만억일체천화운
雨百萬億一切天華雲하며

　백만억 하늘꽃구름을 비 내리고, 백만억 하늘향구름을 비 내리고, 백만억 하늘가루향구름을 비 내리고, 백만억 하늘구소마꽃구름을 비 내리고, 백만억 하늘파두마꽃구름을 비 내리고, 백만억 하늘우발라꽃구름을 비 내리고, 백만억 하늘구물두꽃구름을 비 내리고, 백만억 하늘분다리꽃구름을 비 내리고, 백만억 하늘만다라꽃구름을 비 내리고, 백만억 일체 하늘꽃구름을 비 내리었습니다.

雨百萬億天衣雲하며 雨百萬億摩尼寶雲하며
雨百萬億天蓋雲하며 雨百萬億天幡雲하며 雨百萬
億天冠雲하며 雨百萬億天莊嚴具雲하며 雨百萬
億天寶鬘雲하며 雨百萬億天寶瓔珞雲하며 雨百
萬億天栴檀香雲하며 雨百萬億天沈水香雲하니라

　백만억 하늘옷구름을 비 내리고, 백만억 마니보배구름을 비 내리고, 백만억 하늘일산日傘구름을 비 내리고, 백만억 하늘깃발구름을 비 내리고, 백만억 하늘관冠구름을 비 내리고, 백만억 하늘장엄거리구름을 비 내리고, 백만억 하늘보배화만구름을 비 내리고, 백만억 하늘보배영락구름을 비 내리고, 백만억 하늘전단향구름을 비 내리고, 백만억 하늘침수향구름을 비 내리었습니다.

　20구절은 갖가지 백만억 구름을 비 내리듯이 내리는 장엄이다. 인도에서는 우기雨期가 되면 두꺼운 구름이 드넓은

평원에 손만 뻗으면 닿을 듯이 낮게 드리워져서 대지를 다 덮는다. 그러고는 천둥이 치고 비가 쏟아지는데 그 광경을 다른 나라에서는 상상도 할 수 없다. 비도 구름도 풍성하게 넘쳐 나는 모습은 실로 장관이다. 천둥과 번개는 밤을 지새운다. 이와 같은 모습들이 백만억으로 스무 가지나 된다고 상상해 보라. 넉넉하고 풍성하고 넘쳐 나는 내용의 십회향법문을 눈으로 볼 수 있도록 그렸다.

10) 20구절의 뒤섞인 장엄

건 백 만 억 보 당 　　　현 백 만 억 보 번 　　　수 백 만
建百萬億寶幢하며 懸百萬億寶幡하며 垂百萬

억 보 증 대 　　　연 백 만 억 향 로 　　　포 백 만 억 보 만
億寶繒帶하며 燃百萬億香爐하며 布百萬億寶鬘하며

지 백 만 억 보 선 　　　집 백 만 억 보 불 　　　현 백 만 억
持百萬億寶扇하며 執百萬億寶拂하며 懸百萬億

보 령 망 　　미 풍 취 동 　　출 묘 음 성 　　　백 만 억 보 난
寶鈴網하야 微風吹動에 出妙音聲하며 百萬億寶欄

순　주잡위요　　　　　백만억보다라수　　차제항렬
楯이 周帀圍繞하며 百萬億寶多羅樹가 次第行列하며

　백만억 보배깃대를 세우고, 백만억 보배깃발을 달고, 백만억 보배비단띠를 드리우고, 백만억 향로에 향을 사르고, 백만억 보배화만華鬘을 벌여 놓고, 백만억 보배부채를 들고, 백만억 보배불자拂子를 쥐고, 백만억 보배풍경을 달아 바람에 흔들려 묘한 소리를 내고, 백만억 보배난간이 두루 둘렀고, 백만억 보배다라나무가 차례로 줄지어 섰습니다.

　여기서부터 48구절은 사자좌 밖의 사면의 장엄이다. 그 중에 20구절은 여러 가지가 뒤섞인 장엄이다. 깃대를 세우고, 깃발을 달고, 띠를 드리우고, 향을 사르고, 화만을 벌여 놓고, 부채를 들고, 불자를 잡고, 풍경을 달았다. 풍경이 바람에 흔들려 묘한 소리를 낸다.

　백만억묘보창유　　기려장엄　　　백만억보수
百萬億妙寶牕牖가 綺麗莊嚴하며 百萬億寶樹가

周帀垂陰하며 百萬億寶樓閣이 延袤綺飾하며 百萬億寶門에 垂布瓔珞하며 百萬億金鈴이 出妙音聲하며 百萬億吉祥相瓔珞이 嚴淨垂下하며 百萬億寶悉底迦가 能除衆惡하며 百萬億金藏이 金縷織成하며 百萬億寶蓋가 衆寶爲竿하야 執持行列하며 百萬億一切寶莊嚴具網이 間錯莊嚴하니라

 백만억 보배창호가 화려하게 장엄하고, 백만억 보배나무는 두루두루 그늘을 드리우고, 백만억 보배누각에는 가로 세로 아름답게 장식하고, 백만억 보배문에는 영락을 드리웠고, 백만억 금방울에서는 미묘한 소리를 내고, 백만억 길상한 모양의 영락은 엄정하게 드리워졌고, 백만억 보배실저가悉底迦는 여러 나쁜 것을 없애고, 백만억 금장金藏은 금실로 짠 것이고, 백만억 보배일산은 뭇 보배로 자루가 되어 행렬을 지었으며, 백만억 모든 보

배로 된 장엄거리그물들이 사이사이 장엄하였습니다.

20구절의 여러 가지 뒤섞인 장엄 중 뒤의 열 구절이다. 창호와 나무와 누각과 문과 금방울과 길상한 모양의 영락들이다. 청량스님은 "실저가悉底迦는 갖추어서 말하면 새박실저가塞縛悉底迦인데 유락有樂이라 번역한다. 만약 이 모양을 보면 반드시 안락을 얻는다고 하였다. 형상이 만卍 자와 같이 생겼다. 음의音義에 갖춰져 있다. 지금의 보배가 이 모양을 닮았다."[4)]고 하였다.

11) 9구절의 광명 장엄

백만억광명보 방종종광 백만억광명
百萬億光明寶가 **放種種光**하며 **百萬億光明**이

주변조요 백만억일장륜 백만억월장륜
周徧照耀하며 **百萬億日藏輪**과 **百萬億月藏輪**이

---

4)【寶悉底迦】者: 具云塞縛悉底迦. 此云有樂. 若見此相必獲安樂. 其形如萬字. 具於音義. 今寶形似此.

병무량색보지소집성　　백만억향염　광명영
幷無量色寶之所集成이며 **百萬億香焰**이 **光明映**

철　　백만억연화장　개부선영　　백만억보망
徹하며 **百萬億蓮華藏**이 **開敷鮮榮**하며 **百萬億寶網**과

백만억화망　　백만억향망　　미부기상
百萬億華網과 **百萬億香網**이 **彌覆其上**하나라

　백만억 광명보배에서 가지각색 광명을 놓으며, 백만억의 광명이 두루 비치고, 백만억 일장륜日藏輪과 백만억 월장륜月藏輪은 모두 한량없는 빛깔보배를 모아 이루었으며, 백만억 향기불꽃은 광명이 환히 사무치고, 백만억 연화장은 찬란하게 꽃이 피고, 백만억 보배그물과 백만억 꽃그물과 백만억 향그물이 그 위에 덮이었습니다.

　일장륜日藏輪은 태양이고 월장륜月藏輪은 달이다. 그러므로 모두 광명이다. 향기불꽃도 광명이 환히 사무치고, 연화장은 찬란하게 꽃이 피고, 보배그물과 꽃그물과 향그물이 그 위에 덮이었다.

12) 9구절의 하늘보배옷 장엄

百萬億天寶衣와 百萬億天靑色衣와 百萬億天黃色衣와 百萬億天赤色衣와 百萬億天奇妙色衣와 百萬億天種種寶奇妙衣와 百萬億種種香熏衣와 百萬億一切寶所成衣와 百萬億鮮白衣가 悉善敷布하야 見者歡喜하니라

　백만억 하늘보배옷과 백만억 하늘청색옷과 백만억 하늘황색옷과 백만억 하늘적색옷과 백만억 하늘 기묘한 빛깔 옷과 백만억 갖가지 보배가 기묘한 옷과 백만억 갖가지 향기가 풍기는 옷과 백만억 일체 보배로 만든 옷과 백만억 깨끗한 흰옷들을 곱게 깔아서 보는 이들이 기뻐하였습니다.

　화엄경에서 옷이란 지금의 한국의 옷과는 다르다. 재단

裁斷을 하여 소매나 바지 모양을 만든 그와 같은 옷이 아니다. 천의무봉天衣無縫과 같이 손질을 하지 않은 천이다. 인도 사람들이 몸에 둘둘 감는 사리라는 천과 같다. 그래서 땅 위에 옷을 깔았다는 말도 마치 카펫을 땅에 펴듯이 한 것이다. 각양각색의 천을 널리 깔아서 보는 사람들이 기뻐하였다.

13) 10구절의 하늘깃대 장엄

백만억천령당   백만억금망당   출미묘음
百萬億天鈴幢과 百萬億金網幢이 出微妙音하며

백만억천증당   중채구족   백만억향당   수
百萬億天繒幢이 衆彩具足하며 百萬億香幢에 垂

포향망   백만억화당   우일체화   백만억천
布香網하며 百萬億華幢이 雨一切華하며 百萬億天

의당   현포묘의   백만억천마니보당   중보
衣幢에 懸布妙衣하며 百萬億天摩尼寶幢이 衆寶

장엄   백만억천장엄구당   중구교식   백만
莊嚴하며 百萬億天莊嚴具幢이 衆具校飾하며 百萬

億天鬘幢에 種種華鬘이 四面行布하며 百萬億天
蓋幢에 寶鈴和鳴하야 聞皆歡喜하니라

　백만억 하늘풍경깃대와 백만억 금으로 된 그물깃대에서는 미묘한 소리를 내고, 백만억 하늘비단깃대는 모든 채색이 구족하고, 백만억 향깃대에는 향그물이 드리우고, 백만억 꽃깃대에서는 모든 꽃을 비 내리고, 백만억 하늘옷깃대에는 묘한 옷을 달았고, 백만억 하늘마니보배깃대는 모든 보배로 장엄하였고, 백만억 하늘장엄거리깃대는 여러 가지로 장식하였고, 백만억 하늘화만깃대는 갖가지 화만이 사면으로 줄을 지었고, 백만억 하늘일산깃대에서는 보배방울이 잘 울리어 듣는 이마다 모두 기뻐하였습니다.

　깃대를 높이 세우고 온갖 깃발을 달아서 바람에 펄럭이게 하는 장엄은 오늘날에도 큰 행사가 있을 때는 항상 있는 광경이다. 깃대에 달아서 어떤 의미를 나타내는 기를 사찰에서는 번幡이라고도 한다. 백만억씩이나 되는 열 가지 종류의 깃대에 깃발이 나부끼는 광경을 상상해 보라.

14) 음악 소리의 장엄

百萬億天螺가 出妙音聲하며 百萬億天鼓가 出大音聲하며 百萬億天箜篌가 出微妙音하며 百萬億天牟陀羅가 出大妙音하며 百萬億天諸雜樂이 同時俱奏하며 百萬億天自在樂이 出妙音聲호대 其聲이 普徧一切佛刹하며 百萬億天變化樂이 其聲如響하야 普應一切하며 百萬億天鼓가 因於撫擊하야 而出妙音하며 百萬億天如意樂이 自然出聲하야 音節

상 화　　　백 만 억 천 제 잡 악　　출 묘 음 성　　　멸 제 번
相和하며 **百萬億天諸雜樂**이 **出妙音聲**하야 **滅諸煩**
뇌
惱하니라

　백만억 하늘소라에서는 묘한 음성을 내고, 백만억 하늘북에서는 큰 소리를 내고, 백만억 하늘공후箜篌에서는 미묘한 소리를 내고, 백만억 하늘모다라는 크고 묘한 소리를 내고, 백만억 하늘의 여러 가지 음악을 한꺼번에 연주하며, 백만억 하늘의 자재한 음악은 묘한 음성을 내어 그 소리가 여러 부처님 세계에 두루 들리고, 백만억 하늘의 변화하는 음악은 그 소리가 메아리 같아서 일체 것에 두루 응하며, 백만억 하늘북은 두드림을 따라 묘한 소리를 내고, 백만억 하늘의 뜻대로 되는 음악은 자연히 소리가 나도 장단이 맞으며, 백만억 하늘의 여러 가지 음악은 묘한 소리를 내어 모든 번뇌를 소멸하였습니다.

　열 구절은 음악 소리로써 장엄하였다. 이와 같은 크나큰 장엄에 음악 소리가 없을 수 없다. 모다라牟陀羅는 봉고鋒鼓

라고 번역한다. 하늘음악을 연주할 때 먼저 이 북을 울린다고 하였다. 불교에는 범패梵唄라는 고유한 음악이 있다.

15) 찬탄하는 소리의 장엄

百萬億悅意音이 讚歎供養하며 百萬億廣大音이
백만억열의음   찬탄공양   백만억광대음

讚歎承事하며 百萬億甚深音이 讚歎修行하며 百萬
찬탄승사   백만억심심음   찬탄수행   백만

億衆妙音이 歎佛業果하며 百萬億微細音이 歎如
억중묘음   탄불업과   백만억미세음   탄여

實理하며 百萬億無障礙眞實音이 歎佛本行하며
실리   백만억무장애진실음   탄불본행

百萬億淸淨音이 讚歎過去供養諸佛하며 百萬億
백만억청정음   찬탄과거공양제불   백만억

法門音이 讚歎諸佛最勝無畏하며 百萬億無量音이
법문음   찬탄제불최승무외   백만억무량음

歎諸菩薩功德無盡하며 百萬億菩薩地音이 讚歎
탄제보살공덕무진   백만억보살지음   찬탄

개 시 일 체 보 살 지 상 응 행
開示一切菩薩地相應行하며 백 만 억 무 단 절 음
百萬億無斷絶音이

탄 불 공 덕 무 유 단 절
歎佛功德無有斷絶하니라

 백만억 마음을 기쁘게 하는 음성은 공양함을 찬탄하고, 백만억 광대한 음성은 받들어 섬김을 찬탄하고, 백만억 매우 깊은 음성은 수행을 찬탄하고, 백만억 여러 묘한 음성은 부처님의 업과業果를 찬탄하고, 백만억 미세한 음성은 실상과 같은 이치를 찬탄하고, 백만억 장애 없고 진실한 음성은 부처님의 본래 행을 찬탄하고, 백만억 청정한 음성은 과거의 모든 부처님께 공양한 것을 찬탄하고, 백만억 법문 음성은 모든 부처님들의 가장 수승하고 두려움 없음을 찬탄하고, 백만억 한량없는 음성은 보살들의 공덕이 무진無盡함을 찬탄하고, 백만억 보살 지위의 음성은 일체 보살 지위에 상응相應한 행을 열어 보임을 찬탄하고, 백만억 끊임없는 음성은 부처님의 공덕이 끊어지지 아니함을 찬탄하였습니다.

 단순한 악기로써 음악을 연주하는 것도 아름다운 장엄

이지만 부처님께 공양함을 찬탄하고, 부처님을 받들어 섬김을 찬탄하고, 수행을 찬탄하고, 업과와 공적을 찬탄하는 것은 인간사에서 참으로 훌륭한 장엄이다. 인간관계에서 찬탄하는 일보다 중요한 것은 없다. 인간관계에서의 성공하는 비결을 "칭찬은 고래도 춤추게 한다."라고 하지 않았던가. 하물며 경문에서 밝힌 훌륭한 공덕을 찬탄하는 일이야말로 얼마나 크고 아름다운 장엄이겠는가. 특히 삼보三寶에 대한 온갖 찬탄은 곧 불법을 크게 선양하는 일이다. 찬탄하라. 삼보를 찬탄하고 상대의 좋은 점을 백만억으로 찬탄하라.

16) 설법으로 중생을 이익하게 하는 장엄

백만억수순음 찬탄칭양견불지행 백만
百萬億隨順音이 **讚歎稱揚見佛之行**하며 **百萬**

억심심법음 찬탄일체법무애지상응리 백
億甚深法音이 **讚歎一切法無礙智相應理**하며 **百**

만억광대음 기음 충만일체불찰 백만억
萬億廣大音이 **其音**이 **充滿一切佛刹**하며 **百萬億**

무애청정음　　수기심락　　　실령환희　　　백만
無礙淸淨音이 隨其心樂하야 悉令歡喜하며 百萬

억부주삼계음　　영기문자　　심입법성　　　백만
億不住三界音이 令其聞者로 深入法性하며 百萬

억환희음　　영기문자　　심무장애　　　심신공경
億歡喜音이 令其聞者로 心無障礙하야 深信恭敬

　　백만억불경계음　　수소출성　　실능개시일
하며 百萬億佛境界音이 隨所出聲하야 悉能開示一

체법의　　　백만억다라니음　　선선일체법구차
切法義하며 百萬億陀羅尼音이 善宣一切法句差

별　　결료여래비밀지장　　백만억일체법음
別하야 決了如來秘密之藏하며 百萬億一切法音이

기음화창　　극해중악
其音和暢하야 克諧衆樂이러라

　백만억 따라 주는 음성은 부처님을 친견하는 행을 일컬음을 찬탄하고, 백만억 매우 깊은 법 음성은 일체 법이 걸림 없는 지혜와 상응하는 이치를 찬탄하고, 백만억 광대한 음성은 그 소리가 일체 부처님 세계에 가득하고, 백만억 걸림 없고 청정한 음성은 그들의 마음에 좋아함을 따라 모두 환희케 하고, 백만억 삼계에 머물지 않는 음성은 듣는 이로 하여금 법의 성품에 깊이 들게 하고, 백만억 환희한 음성은 듣는 이로 하여금 마음에 걸림이 없어 깊이 믿고 공경하게 하며, 백만억 부처님 경계 음성은 내는 소리를 따라 모든 법과 뜻을 열어 보이며, 백만억 다라니 음성은 일체 법과 글귀의 차별을 잘 말하여 여래의 비밀장을 결정코 알게 하며, 백만억 일체 법의 음성은 그 소리가 화창하여 여러 음악과 조화를 이루었습니다.

설법으로 중생을 이익하게 하는 장엄을 밝혔다. 참되고 바른 이치를 설하여 미혹한 중생을 깨우치는 것은 진정 세상을 장엄하는 일이다. 불보살이 세상에 출현하신 목적이 곧 설법으로 중생을 이익하게 하여 세상을 아름답게 장엄하려는 것이다. 설법의 내용은 경문에서 밝힌 것처럼 다양하다. 마지막 구절의 "백만억 일체 법의 음성은 그 소리가 화창하여 여러 음악과 조화를 이루었습니다."라는 말은 얼마나 아름다운가.

17) 보살의 지위에 나아가서 이익을 나타내는 장엄

유백만억초발심보살   재견차좌   배갱증
有百萬億初發心菩薩이 **纔見此座**하고 **倍更增**
장 일 체 지 심
長一切智心하며

백만억 초발심주初發心住보살은 이 사자좌를 보고 일체 지혜의 마음을 두 배로 증장하였습니다.

보살의 십주十住[5] 지위에 나아가서 이익을 나타내는 장엄이다. 십주법문에 대해서는 앞의 십주품에서 자세히 밝혔다. "초발심주初發心住보살은 이 사자좌를 보고 일체 지혜의 마음을 두 배로 증장하였다."고 하였다. 초발심주는 십신十信의 가관으로부터 공관에 들어가는[從假入空觀] 관법이 완성되어 참다운 무루지無漏智를 내고 마음이 진제의 이치에 안주하는

---

5) 보살이 수행하는 과정에서 거치는 52단계 중 제11위에서 제20위까지의 계위階位다. 곧 발심주發心住, 치지주治地住, 수행주修行住, 생귀주生貴住, 방편구족주方便具足住, 정심주正心住, 불퇴주不退住, 동진주童眞住, 법왕자주法王子住, 관정주灌頂住를 이른다. 십신十信을 지나서 마음이 진제眞諦의 이치에 안주安住하는 지위에 이르는 계위이다.

지위이다. 십회향법문을 위하여 부처님이 앉으시는 사자좌를 본 발심한 보살은 보기만 해도 지혜의 마음이 두 배로 증장하게 되었으니 눈에 보이는 일체 불사를 어찌 아무렇게나 할 수 있겠는가. 깨달을 마음의 준비가 완성된 사람은 이와 같이 보는 것만으로 큰 이익을 얻는다.

百萬億治地菩薩이 心淨歡喜하며 百萬億修行菩薩이 悟解淸淨하며 百萬億生貴菩薩이 住勝志樂하며 百萬億方便具足菩薩이 起大乘行하며 百萬億正心住菩薩이 勤修一切菩薩道하며 百萬億不退菩薩이 淨修一切菩薩地하며 百萬億童眞菩薩이 得一切菩薩三昧光明하며 百萬億法王子菩薩이

입부사의제불경계   백만억관정보살   능현
入不思議諸佛境界하며 **百萬億灌頂菩薩**이 **能現**

무량여래십력
無量如來十力하니라

　백만억 치지주治地住보살은 마음이 깨끗하여 환희하며, 백만억 수행주修行住보살은 깨닫고 앎이 청정하며, 백만억 생귀주生貴住보살은 수승한 즐거움에 머물며, 백만억 방편구족주方便具足住보살은 대승의 행을 일으키며, 백만억 정심주正心住보살은 일체 보살의 도를 부지런히 닦으며, 백만억 불퇴주不退住보살은 일체 보살의 지위를 깨끗이 닦으며, 백만억 동진주童眞住보살은 일체 보살의 삼매광명을 얻으며, 백만억 법왕자주法王子住보살은 부사의한 모든 부처님의 경계에 들었으며, 백만억 관정주灌頂住보살은 한량없는 여래의 십력十力을 나타내었습니다.

　십주의 낱낱 지위의 보살마다 부처님이 앉으시는 사자좌를 친견하고는 마음이 깨끗하여 환희하며, 깨닫고 앎이 청정하며, 수승한 즐거움에 머물며, 대승의 행을 일으키며, 일체 보살의 도를 부지런히 닦으며, 일체 보살의 지위를 깨끗이 닦는 등의 이익이 있음을 밝혔다.

18) 여러 가지 이익을 얻는 장엄

百萬億菩薩이 得自在神通하며 百萬億菩薩이
백만억보살   득자재신통   백만억보살

生淸淨解하며 百萬億菩薩이 心生愛樂하며 百萬億
생청정해   백만억보살   심생애락   백만억

菩薩이 深信不壞하며 百萬億菩薩이 勢力廣大하며
보살   심신불괴   백만억보살   세력광대

百萬億菩薩이 名稱增長하며 百萬億菩薩이 演說
백만억보살   명칭증장   백만억보살   연설

法義하야 令智決定하며 百萬億菩薩이 正念不亂하며
법의   영지결정   백만억보살   정념불란

百萬億菩薩이 生決定智하며 百萬億菩薩이 得聞
백만억보살   생결정지   백만억보살   득문

持力하야 持一切佛法하며 百萬億菩薩이 出生無量
지력   지일체불법   백만억보살   출생무량

<ruby>廣大覺解<rt>광대각해</rt></ruby>하며 <ruby>百萬億菩薩<rt>백만억보살</rt></ruby>이 <ruby>安住信根<rt>안주신근</rt></ruby>하나니라

  백만억 보살은 자재한 신통을 얻고, 백만억 보살은 청정한 이해를 내고, 백만억 보살은 좋아하는 마음을 내고, 백만억 보살은 깊이 믿어 무너지지 아니하고, 백만억 보살은 세력이 광대하고, 백만억 보살은 소문이 멀리 퍼지고, 백만억 보살은 법과 뜻을 연설하여 지혜를 결정케 하고, 백만억 보살은 바른 생각이 산란치 않고, 백만억 보살은 결정한 지혜를 내고, 백만억 보살은 들어서 지니는 힘을 얻어 일체 불법을 받아 지니고, 백만억 보살은 한량없이 광대한 깨달음을 내고, 백만억 보살은 믿는 근본에 편안히 머물렀습니다.

  부처님이 앉으시는 사자좌를 친견하고 얻는 여러 가지 이익을 열두 구절로 밝혔다. 자재한 신통을 얻고, 청정한 이해를 내고, 좋아하는 마음을 내고, 깊이 믿어 무너지지 아니하는 등의 이익은 백만억 보살들이 사자좌를 친견하고 얻은 이익이다.

19) 보살행에 나아가서 이익을 얻는 장엄

백만억보살이 득단바라밀하야 능일체시하며
百萬億菩薩이 得檀波羅蜜하야 能一切施하며

백만억보살이 득시바라밀하야 구지중계하며 백만
百萬億菩薩이 得尸波羅蜜하야 具持衆戒하며 百萬

억보살이 득인바라밀하야 심불망동하야 실능인
億菩薩이 得忍波羅蜜하야 心不妄動하야 悉能忍

수일체불법하며 백만억보살이 득정진바라밀하야
受一切佛法하며 百萬億菩薩이 得精進波羅蜜하야

능행무량출리정진하며 백만억보살이 득선바라
能行無量出離精進하며 百萬億菩薩이 得禪波羅

밀하야 구족무량선정광명하며 백만억보살이 득반
蜜하야 具足無量禪定光明하며 百萬億菩薩이 得般

야바라밀하야 지혜광명이 능보조요하며 백만억보
若波羅蜜하야 智慧光明이 能普照耀하며 百萬億菩

살이 성취대원하야 실개청정하며 백만억보살이 득
薩이 成就大願하야 悉皆淸淨하며 百萬億菩薩이 得

지혜등하야 명조법문하며 백만억보살이 위시방제
智慧燈하야 明照法門하며 百萬億菩薩이 爲十方諸

불법광소조　　백만억보살　주변시방　　연
佛法光所照하며 **百萬億菩薩**이 **周徧十方**하야 **演**

이 치 법
離癡法하니라

　　백만억 보살은 보시布施바라밀다를 얻어 온갖 것을 보시하고, 백만억 보살은 지계持戒바라밀다를 얻어 여러 가지 계율을 구족하게 지키고, 백만억 보살은 인욕忍辱바라밀다를 얻음이 망동하지 않으며 일체 불법을 능히 받고, 백만억 보살은 정진바라밀다를 얻어 한량없이 뛰어난 정진을 행하고, 백만억 보살은 선정바라밀다를 얻어 한량없는 선정의 광명을 구족하고, 백만억 보살은 반야바라밀다를 얻어 지혜智慧의 광명이 널리 비치고, 백만억 보살은 큰 서원을 성취하여 모두 청정하고, 백만억 보살은 지혜의 등을 얻어 법문을 밝게 비추고, 백만억 보살은 시방 모든 부처님들의 법의 광명으로 비침이 되고, 백만억 보살은 시방에 두루 하여 어리석음을 여의는 법을 연설하였습니다.

　　부처님이 앉으시는 사자좌를 친견한 각각의 백만억 보살은 육바라밀을 저절로 얻고 다시 큰 서원을 성취하여 청정하고, 지혜의 등불과 시방 모든 부처님들의 법의 광명으로 비침이 되고, 시방에 두루 하여 어리석음을 여의는 법을 연설하게 된다.

20) 큰 작용에 나아가서 이익을 얻는 장엄

百萬億菩薩이 普入一切諸佛刹土하며 百萬億菩薩이 法身隨到一切佛國하며 百萬億菩薩이 得佛音聲하야 能廣開悟하며 百萬億菩薩이 得出生一切智方便하며 百萬億菩薩이 得成就一切法門하며 百萬億菩薩이 成就法智를 猶如寶幢하야 能普顯示一切佛法하며 百萬億菩薩이 能悉示現如來境界하니라

백만억 보살은 일체 부처님의 세계에 널리 들어가고, 백만억 보살은 법신으로 모든 부처님 국토에 이르고, 백만억 보살은 부처님의 음성을 얻어 널리 깨우치고, 백만억 보살은 일체 지혜를 내는 방편을 얻고, 백만억 보살은 일체 법문을 성취하였고, 백만억 보살은 법의 지혜를 성취하여 마치 보배깃대처럼 일체 불법을 널리 나타내고, 백만억 보살은 여래의 경계를 모두 나타내어 보였습니다.

　부처님이 앉으시는 사자좌를 친견한 각각의 백만억 보살은 또 큰 작용에 나아가서 이익을 얻음을 밝혔다. 큰 작용이란 일체 부처님의 세계에 널리 들어가고 법신으로 모든 부처님 국토에 이르는 것 등이다.

21) 팔부八部와 인천人天의 예경

百萬億諸天王이 恭敬禮拜하며 百萬億龍王이
(백만억제천왕) (공경예배) (백만억용왕)

諦觀無厭하며 百萬億夜叉王이 頂上合掌하며 百萬億乾闥婆王이 起淨信心하며 百萬億阿修羅王이 斷憍慢意하며 百萬億迦樓羅王이 口銜繒帶하며 百萬億緊那羅王이 歡喜踊躍하며 百萬億摩睺羅伽王이 歡喜瞻仰하며

 백만억 천왕은 공경하여 예배하고, 백만억 용왕은 자세히 보기를 싫어함이 없고, 백만억 야차왕은 이마 위에 합장하고, 백만억 건달바왕은 청정하게 믿는 마음을 일으키고, 백만억 아수라왕은 교만한 마음을 끊고, 백만억 가루라왕은 입에 비단 끈을 물었고, 백만억 긴나라왕은 기뻐 날뛰고, 백만억 마후라가왕은 환희하여 우러러보았습니다.

 제천 팔부대중들이 부처님이 앉으시는 사자좌를 친견하고 예배 공경하고, 자세히 관찰하고, 합장하고, 청정한 신심

을 일으키고, 교만한 마음을 끊고, 기뻐 날뛰며 환희하는 것
등을 밝혔다.

百萬億世主가 稽首作禮하며 百萬億切利天王이
瞻仰不瞬하며 百萬億夜摩天王이 歡喜讚歎하며 百
萬億兜率天王이 布身作禮하며 百萬億化樂天王이
頭頂禮敬하며 百萬億他化天王이 恭敬合掌하며 百
萬億梵天王이 一心觀察하며 百萬億摩醯首羅天
王이 恭敬供養하며 百萬億菩薩이 發聲讚歎하나라

백만억 세상의 주인들은 머리를 조아려 예배하고, 백
만억 도리천왕은 우러러보면서 눈을 깜짝이지 않고, 백
만억 야마천왕은 환희하여 찬탄하고, 백만억 도솔타천
왕은 몸을 엎드려 절하고, 백만억 화락천왕은 머리를

조아려 예경하고, 백만억 타화자재천왕은 공경하여 합장하고, 백만억 범천왕은 일심으로 관찰하고, 백만억 마혜수라천왕은 공경하여 공양하고, 백만억 보살은 소리 내어 찬탄하였습니다.

또 각각 백만억이나 되는 세상의 주인들과 온갖 천왕들이 머리를 숙여 예배하고, 환희 찬탄하고, 몸을 펴서 절을 하는 등 모든 예를 다하였다. 또 백만억 보살들은 소리를 내어 찬탄하였다.

22) 제천諸天의 삼업三業 예경 장엄

百萬億天女가 專心供養하며 百萬億同願天이
踊躍歡喜하며 百萬億往昔同住天이 妙聲稱讚하며

백만억 천녀天女들은 오로지 한 마음으로 공양하고, 백만억 소원이 같은 천신들은 뛸 듯이 환희하며, 백만억 옛적에 함께 있던 천신들은 아름다운 소리로 칭찬하였습니다.

백만억 천녀天女들이 오로지 한 마음으로 공양하고, 백만억 소원이 같은 천신들이 뛸 듯이 환희하며, 백만억 옛적에 함께 있던 천신들이 아름다운 소리로 칭찬하는 모습이 참으로 눈에 선하게 그려진다. 십회향이라는 전무후무한 어마어마한 법회가 열리려는 광경을 환희롭게 맞이하면서 천녀들은 있는 정성을 다하여 공양 올리고, 또 원력이 같은 천신들은 모두 같이 공감하여 뛸 듯이 환희한다. 또 옛날에 같은 장소에서 함께 살던 천신들은 백만억 명의 큰 합창단이 되어 아름다운 소리로 법회를 찬탄하는 노래를 부른다.

百萬億梵身天이 布身敬禮하며 百萬億梵輔天이
合掌於頂하며 百萬億梵衆天이 圍繞侍衛하며 百萬

억대범천 찬탄칭양무량공덕   백만억광천
億大梵天이 讚歎稱揚無量功德하며 百萬億光天이

오체투지   백만억소광천   선양찬탄불세난
五體投地하며 百萬億少光天이 宣揚讚歎佛世難

치   백만억무량광천   요향불례
値하며 百萬億無量光天이 遙向佛禮하며

  백만억 범신천은 몸을 엎드려 경례하고, 백만억 범보천은 정수리에 합장하고, 백만억 범중천은 둘러서서 시위하고, 백만억 대범천은 무량공덕을 일컬어 찬탄하고, 백만억 광천은 오체五體를 땅에 엎드리고, 백만억 소광천은 부처님 세상을 만나기 어렵다 찬탄하고, 백만억 무량광천은 멀리 부처님을 향하여 예배하였습니다.

  여러 하늘의 천신들은 모두 백만억씩 가지가지 예경으로 법회에 예경한다. 몸을 엎드려서 예경하고, 이마에 합장하고, 에워싸서 시위하고, 무량공덕을 찬탄하고, 오체투지하고, 부처님 세상을 만나기 어려운 것을 칭양 찬탄하고, 멀리서 부처님을 향해 예를 올린다.

百萬億光音天이 讚歎如來甚難得見하며 百萬
億淨天이 與宮殿俱하야 而來詣此하며 百萬億少淨
天이 以淸淨心으로 稽首作禮하며 百萬億無量淨天이
願欲見佛하야 投身而下하며 百萬億徧淨天이 恭敬
尊重하고 親近供養하며 百萬億廣天이 念昔善根하며
百萬億少廣天이 於如來所에 生希有想하며 百萬
億無量廣天이 決定尊重하야 生諸善業하며

 백만억 광음천은 여래를 뵈옵기 심히 어렵다 찬탄하고, 백만억 정천淨天은 궁전과 함께 여기 오고, 백만억 소정천은 청정한 마음으로 머리 숙여 예배하고, 백만억 무량정천은 부처님을 뵈옵고자 몸을 던져 내려오고, 백만억 변정천은 공경하고 존중하며 친근하여 공양하였습니다. 또 백만억 광천廣天은 옛적의 선근을 생각하고, 백만억 소광천은 여래에게 희유한 생각을 내고, 백만억 무량광천은 분명하고 확실하게[決定] 존중하여 온갖 선한 업을 지었습니다.

또 다른 여러 하늘의 천신들은 여래를 뵈옵기 심히 어렵다 찬탄하고, 어떤 천신들은 궁전을 들고 법회 장소에 와서 공양 올린다. 또 어떤 천신들은 부처님을 뵈옵고자 몸을 던져 하늘에서 내려오는 등 스스로 생각할 수 있는 모든 정성을 다 기울인다.

백만억광과천 곡궁공경 백만억무번천
百萬億廣果天이 **曲躬恭敬**하며 **百萬億無煩天**이

신근견고 공경예배 백만억무열천 합장
信根堅固하야 **恭敬禮拜**하며 **百萬億無熱天**이 **合掌**

염불 정무염족 백만억선견천 두면작례
念佛하야 **情無厭足**하며 **百萬億善見天**이 **頭面作禮**

백만억선현천 염공양불 심무해헐
하며 **百萬億善現天**이 **念供養佛**하야 **心無懈歇**하며

百萬億阿迦尼吒天이 恭敬頂禮하며 百萬億種種
天이 皆大歡喜하야 發聲讚歎하며 百萬億諸天이 各
善思惟하야 而爲莊嚴하니라

　백만억 광과천은 허리 굽혀 공경하고, 백만억 무번천은 믿음이 견고하여 공경 예배하고, 백만억 무열천은 합장하고 염불하며 마음에 싫어할 줄 모르고, 백만억 선견천은 머리 조아려 예배하고, 백만억 선현천은 부처님께 공양함을 생각하는 마음이 게으르지 않고, 백만억 아가니타천은 공경하여 정례하고, 백만억 갖가지 하늘은 크게 환희하여 소리 높여 찬탄하고, 백만억 모든 하늘은 각각 훌륭한 사유로 장엄하였습니다.

　또 다른 여러 하늘의 천신들은 허리 굽혀 공경하고, 믿음이 견고하여 공경 예배하고, 합장하고 염불하며 마음에 싫어할 줄 모르고, 각각 훌륭한 사유로 장엄하였다. 모두들 생각할 수 있고 표현할 수 있는 것은 다 동원하여 신심과 환희심을 표현하였다.

23) 보살들이 섬기고 공양하는 장엄

百萬億菩薩天이 護持佛座하야 莊嚴不絶하며 百萬億華手菩薩이 雨一切華하며 百萬億香手菩薩이 雨一切香하며 百萬億鬘手菩薩이 雨一切鬘하며 百萬億末香手菩薩이 雨一切末香하며 百萬億塗香手菩薩이 雨一切塗香하며

　백만억 보살하늘은 부처님의 사자좌를 호위하여 장엄하기 끊이지 않고, 백만억 화수華手보살은 온갖 꽃을 비 내리고, 백만억 향수香手보살은 온갖 향을 비 내리고, 백만억 만수鬘手보살은 온갖 화만華鬘을 비 내리고, 백만억 말향수末香手보살은 온갖 가루향을 비 내리고, 백만억 도

향수塗香手보살은 온갖 바르는 향을 비 내리었습니다.

  십회향법문이 설해지려는 법회에 모인 보살들 중에는 낱낱이 고유한 이름을 드러내지 않고 자신의 법회에서 하는 역할에 따라 이름을 붙인 보살들도 많다. 꽃을 담당한 보살을 꽃보살이라 하고, 수건을 담당한 보살을 수건보살이라 하고, 공양을 담당한 보살을 공양보살이라 하고, 안내를 담당한 보살을 안내보살이라 하며, 사무를 보면 사무보살, 목탁을 치면 목탁보살, 회장보살, 법당보살, 총무보살이라 하는 것과 꼭 같은 예다. 가루향을 공양하면 가루향보살, 몸에 바르는 향을 담당하면 바르는 향 보살 등이다. 저 멀리 도솔천에서 부르는 보살의 이름이 아니라 바로 우리들이 매일 보고 만나는 보살들의 이름 그대로다.

百萬億衣手菩薩이 雨一切衣하며 百萬億蓋手菩薩이 雨一切蓋하며 百萬億幢手菩薩이 雨一切

당 백만억번수보살 우일체번 백만억보
幢하며 百萬億幡手菩薩이 雨一切幡하며 百萬億寶

수보살 우일체보 백만억장엄수보살 우
手菩薩이 雨一切寶하며 百萬億莊嚴手菩薩이 雨

일체장엄구
一切莊嚴具하니라

  백만억 의수衣手보살은 온갖 옷을 비 내리고, 백만억 개수蓋手보살은 온갖 일산日傘을 비 내리고, 백만억 당수幢手보살은 온갖 깃대를 비 내리고, 백만억 번수幡手보살은 온갖 깃발을 비 내리고, 백만억 보수寶手보살은 온갖 보배를 비 내리고, 백만억 장엄수莊嚴手보살은 온갖 장엄거리를 비 내리었습니다.

  옷을 담당하면 옷보살, 빨래를 담당하면 빨래보살, 일산을 담당하면 일산보살, 깃대를 담당하면 깃대보살, 번을 담당하면 번보살, 보물보살, 장엄보살 등 끝이 없다.

24) 여러 천자들이 몸소 나아가는 장엄

百萬億諸天子가 **從天宮出**하야 **至於座所**하며 **百萬億諸天子**가 **以淨信心**으로 **并宮殿俱**하며 **百萬億生貴天子**가 **以身持座**하며 **百萬億灌頂天子**가 **擧身持座**하니라

백만억 모든 천자는 천궁에서 나와 사자좌가 있는 곳에 이르고, 백만억 여러 천자는 청정한 신심으로 궁전과 함께 왔고, 백만억 생귀生貴천자는 몸으로 사자좌를 지니고, 백만억 관정灌頂천자는 온몸으로 사자좌를 지니었습니다.

화엄경 법회에는 법문을 들으려는 청법聽法 대중들이 무수히 많은데 보살과 천신과 여러 천상의 천자와 온갖 종류의 신중神衆인 화엄성중들이다. 여기에는 또 많은 천자들이 모여 왔다. 궁전을 들고 온 이들도 있고 사자좌를 들고 온

이들도 있다. 화엄회상이라면 무엇인들 바치지 못하겠는가. 청량스님은 "이 몸을 바쳐 그 죽을 곳을 얻었다."[6]라고 하였다.

25) 보살들이 법공양을 수행하는 장엄

百萬億思惟菩薩(백만억사유보살)이 恭敬思惟(공경사유)하며 百萬億生貴菩薩(백만억생귀보살)이 發淸淨心(발청정심)하며 百萬億菩薩(백만억보살)이 諸根悅樂(제근열락)하며 百萬億菩薩(백만억보살)이 深心淸淨(심심청정)하며 百萬億菩薩(백만억보살)이 信解淸淨(신해청정)하며 百萬億菩薩(백만억보살)이 諸業淸淨(제업청정)하며 百萬億菩薩(백만억보살)이 受生自在(수생자재)하며 百萬億菩薩(백만억보살)이 法光照耀(법광조요)하며 百萬億菩薩(백만억보살)이 成就於地(성취어지)하며 百萬億菩薩(백만억보살)이 善能敎化一(선능교화일)

---

6) 亡軀에 得其死所라.

체 중 생
切衆生이러라

　백만억 사유思惟보살은 공경히 사유하고, 백만억 생귀生貴보살은 청정한 마음을 내고, 백만억 보살은 모든 근根이 편안하여 기쁘고, 백만억 보살은 깊은 마음이 청정하고, 백만억 보살은 믿고 이해함이 청정하고, 백만억 보살은 모든 업業이 청정하고, 백만억 보살은 태어남이 자재하고, 백만억 보살은 법의 광명으로 환히 비추고, 백만억 보살은 지위를 성취하고, 백만억 보살은 일체 중생을 잘 교화하였습니다.

　법공양을 수행하는 보살도 낱낱 수행마다 무조건 백만억이다. 일체 중생을 교화하는 보살도 백만억이요, 보살의 지위를 성취하는 보살도 백만억이요, 법의 광명으로 환히 비추는 보살도 백만억이다. 각각의 보살들이 다 백만억이다. 이 얼마나 풍성하고 풍요로운가. 이것이 화엄경이다.

26) 선근善根 인연이 깊음

百萬億善根所生이며 百萬億諸佛護持며 百萬億福德所圓滿이며 百萬億殊勝心所淸淨이며 百萬億大願所嚴潔이며 百萬億善行所生起며 百萬億善法所堅固며 百萬億神力所示現이며 百萬億功德所成就며 百萬億讚歎法으로 而以讚歎이러라

　백만억 선근으로 났으며, 백만억 부처님이 수호하시며, 백만억 복덕으로 원만하였으며, 백만억 수승한 마음으로 청정케 하였으며, 백만억 대원大願으로 장엄하였으며, 백만억 선행으로 생기었으며, 백만억 선한 법으로 견고히 하였으며, 백만억 신력으로 나타낸 것이며, 백만억 공덕으로 성취하였으며, 백만억 찬탄하는 법으로 찬탄하였습니다.

그동안 백만억 각각의 보살과 백만억 팔부중八部衆과 백만억 28천天의 천왕과 백만억 모든 천신天神과 백만억 소임을 보는 보살과 백만억 십주위十住位 보살과 백만억 바라밀을 닦는 보살 등등 구체적인 동참 대중들이 장엄하고 있음을 밝혔다. 지금은 백만억 선근으로 난 것과 백만억 제불의 수호와 백만억 복덕 원만과 수승한 마음으로 청정케 함과 대원으로 장엄함과 선행과 선한 법과 신력으로 나타냄과 공덕으로 성취함과 찬탄하는 것 등 수행과 선근들을 밝혔다. 십회향법문이 얼마나 위대하기에 그 서론에 해당하는, 부처님이 도솔천궁에 올라가시는 내용을 이와 같이 장황하게 모든 것이 백만억임을 설하고 있는가. 대중들도 일일이 백만억이요, 대중들이 행하는 수행도 일일이 백만억이었다.

27) 일체 세계의 도솔천왕도 그와 같다

여 차 세 계 도 솔 천 왕 　　봉 위 여 래 부 치 고 좌
如此世界兜率天王이 **奉爲如來敷置高座**하야

일체세계도솔천왕 실위어불 여시부좌
一切世界兜率天王도 悉爲於佛하야 如是敷座하며

여시장엄 여시의칙 여시신락 여시
如是莊嚴하며 如是儀則하며 如是信樂하며 如是

심정 여시흔락 여시희열 여시존중
心淨하며 如是欣樂하며 如是喜悅하며 如是尊重하며

여시이생희유지상 여시용약 여시갈앙
如是而生希有之想하며 如是踊躍하며 如是渴仰하야

실개동등
悉皆同等이러라

 이 세계의 도솔천왕이 여래를 위하여 높은 사자좌를 차려놓듯이, 일체 세계의 도솔천왕도 다 부처님을 위하여 이와 같이 사자좌를 차리고, 이와 같이 장엄하고, 이와 같이 위의威儀를 가지고, 이와 같이 믿고 좋아하고, 이와 같이 마음이 청정하고, 이와 같이 즐겨하고, 이와 같이 기뻐하고, 이와 같이 존중하고, 이와 같이 희유한 생각을 내고, 이와 같이 뛰놀고, 이와 같이 우러름이 모두 동등하였습니다.

 화엄경에서의 안목이 언제나 그렇듯이 하나를 들면 일체

가 들리고 하나를 놓으면 일체가 놓이는 모든 존재의 동시 구족성同時具足性을 드러내고 있다. 이 세계의 도솔천왕이 한 가지 일을 하면 일체 세계의 도솔천왕도 다 그와 같이 그 일을 한다. 순서가 있는 것도 아니고 동시에 한 사람이 하듯이 한 동작으로 이뤄지는 광경이다. 사자좌를 차리고, 장엄하고, 위의를 가지고, 믿고 좋아하는 것까지 똑같이 동시에 이뤄진다. 마치 한 방울의 바닷물 안에 그 많고 많은 바닷물의 모든 성분과 모든 정보가 원만하게 다 갖춰져 있는 이치와 같다. 삼라만상 천지만물 일체 존재의 그와 같은 이치를 이렇게 설명하고 있다.

4. 부처님을 맞이하여 공양하다

1) 여러 천자들이 공양하다

爾_이時_시에 兜_도率_솔天_천王_왕이 爲_위如_여來_래敷_부置_치座_좌已_이하고 心_심生_생尊_존重_중하야 與_여十_십萬_만億_억阿_아僧_승祇_지兜_도率_솔天_천子_자로 奉_봉迎_영如_여來_래하니라

그때에 도솔천왕이 여래를 위하여 사자좌를 차려놓고 나서, 존중하는 마음을 내어 십만억 아승지 도솔천자와 더불어 여래를 받들어 맞아들였습니다.

부처님이 보리수나무 아래와 수미산과 야마천궁을 떠나지 않은 채 도솔천궁에 이르시니 도솔천왕이 여래를 위하여 사자좌를 차려 놓았다. 그 도솔천왕에게는 십만억 아승지

도솔천자가 있는데 그들과 함께 여래를 받들어 맞아들였다. 시간과 공간을 마음대로 넘나드는 상상력으로 그 광경을 그려 보라. 얼마나 장엄한가.

_{이 청 정 심} _{우 아 승 지 색 화 운} _{우 부 사 의}
以淸淨心으로 **雨阿僧祇色華雲**하며 **雨不思議**

_{색 향 운} _{우 종 종 색 만 운} _{우 광 대 청 정 전 단}
色香雲하며 **雨種種色鬘雲**하며 **雨廣大淸淨栴檀**

_운 _{우 무 량 종 종 개 운} _{우 세 묘 천 의 운} _우
雲하며 **雨無量種種蓋雲**하며 **雨細妙天衣雲**하며 **雨**

_{무 변 중 묘 보 운} _{우 천 장 엄 구 운} _{우 무 량 종}
無邊衆妙寶雲하며 **雨天莊嚴具雲**하며 **雨無量種**

_{종 소 향 운} _{우 일 체 전 단 침 수 견 고 말 향 운}
種燒香雲하며 **雨一切栴檀沈水堅固末香雲**하야

_{제 천 자 중} _{각 종 기 신} _{출 차 제 운}
諸天子衆이 **各從其身**하야 **出此諸雲**하니라

청정한 마음으로 아승지 색깔 꽃구름을 비 내리며, 부사의 색깔 향구름을 비 내리며, 가지가지 색깔 화만구름을 비 내리며, 넓고 크고 청정한 전단구름을 비 내리

며, 한량없는 가지가지 일산구름을 비 내리며, 가늘고 아름다운 하늘옷구름을 비 내리며, 그지없이 여러 가지 묘한 보배구름을 비 내리며, 하늘장엄거리구름을 비 내리며, 무량한 가지가지 사르는 향 구름을 비 내리며, 일체 전단향과 침수향과 견고향과 가루향구름을 비 내리었습니다. 여러 천자들은 제각기 그 몸에서 이러한 여러 가지 구름을 내었습니다.

도솔천왕과 도솔천자들은 모두 청정한 마음으로 온갖 공양거리로 공양 올렸다. 아승지 색깔 꽃구름과 부사의 색깔 향구름과 가지가지 색깔 화만구름과 넓고 크고 청정한 전단구름 등 이루 다 말할 수 없는 공양거리구름을 마치 하늘에서 비가 쏟아져 내리듯이 내리어 공양하였다. 역시 시간과 공간을 마음대로 넘나드는 상상력으로 그 광경을 그려보라.

시 백천억아승지도솔천자 급여재회제
時에 **百千億阿僧祇兜率天子**와 **及餘在會諸**

천자중　심대환희　　공경정례　　아승지천녀
天子衆이 心大歡喜하야 恭敬頂禮하며 阿僧祇天女가

용약흔모　　체관여래
踊躍欣慕하야 諦觀如來하니라

그때에 백천억 아승지 도솔천자와 그 외에 법회 중에 있던 다른 여러 천자들이 마음이 크게 환희하여 공경하고 정례하였으며, 아승지 천녀天女들은 뛸 듯이 기뻐하며 사모하여 여래를 자세히 바라보았습니다.

도솔천의 천자와 천녀들의 신심을 나타내는 장면이다. 마음이 크게 환희하여 공경히 정례하고, 뛸 듯이 기뻐하여 우러러 사모하며 여래를 자세히 바라보는 정경이 순수하고 청정하여 동진童眞들의 마음을 잘 표현하였다.

2) 보살 대중들의 공양

도솔궁중불가설제보살중　　주허공중　　　정
兜率宮中不可說諸菩薩衆이 住虛空中하야 精

근일심   이출과제천제공양구   공양어불
勤一心하야 **以出過諸天諸供養具**로 **供養於佛**하야

공경작례   아승지음악   일시동주
恭敬作禮하고 **阿僧祇音樂**을 **一時同奏**러라

 도솔천궁의 말할 수 없이 많은 보살 대중이 허공에 머물러 쉬지 않고 부지런히 일심으로 여러 하늘보다 더 나은 온갖 공양거리를 내어 부처님께 공양하고 공경하며 예배하니, 아승지 음악이 일시에 함께 연주되었습니다.

 보살 대중들은 일심으로 부지런히 하늘의 공양거리로 공양하고 한편 어마어마한 아승지 연주자와 아승지 합창단원들이 일시에 음악을 연주하였다. 이와 같은 큰 법회가 열리는데 어찌 음악이 없을 수 있겠는가. 당연한 광경이리라.

3) 부처님을 뵙다

이시   여래위신력고   왕석선근지소류고
爾時에 **如來威神力故**며 **往昔善根之所流故**며

不可思議自在力故로 兜率宮中에 一切諸天과 及
諸天女가 皆遙見佛을 如對目前하니라

  그때에 여래의 위신력인 연고며, 옛날 선근에서 유출한 연고며, 불가사의하게 자재한 힘인 연고로 도솔천궁의 일체 모든 천신과 모든 천녀들이 멀리서 부처님을 보되 바로 눈앞에서 대한 듯하였습니다.

  천신과 천녀들이 부처님을 친견하는데 모두 여래의 위신력과 지난날의 선근에서 유출한 연고와 불가사의한 자재한 힘으로 멀리 계시는 부처님을 마치 눈앞에서 대한 듯하였다. 여래의 위신력이 있으면 실은 눈을 감고도 볼 수 있다. 거리가 무슨 관계가 있겠는가.

4) 부처님을 받들어 영접하다

同興念言호대 如來出世를 難可值遇어늘 我今
得見具一切智하사 於法無礙한 正等覺者라하고 如
是思惟하며 如是觀察하야 與諸衆會로 悉共同時에
奉迎如來하니라

함께 생각하기를 '여래께서 세상에 출현하심을 만나기 어렵거늘 일체 지혜를 갖추시고 법에 걸림이 없는 정등각正等覺하신 이를 우리가 지금 만났도다.' 하고, 이와 같이 생각하고 이와 같이 관찰하면서 여러 대중과 더불어 다 함께 여래를 받들어 환영하였습니다.

천신과 천녀들이 함께 생각하였다. '일체 지혜를 갖추고 법에 걸림이 없는 바르고 평등한 깨달음을 이루신 여래가 세상에 출현하기란 지극히 어려운 일인데 우리들은 지금 친견하게 되었다.'

사람의 몸을 얻어 태어나기 어렵고, 불법을 만나기도 어렵고, 법화경이나 화엄경과 같은 대승경전을 만나기는 더욱 어렵다는 생각을 하면서 늘 감사해야 한다. 놀랍도록 고맙고 경사스러워하는 마음을 가져야 한다. 고인의 말씀에 "불법을 만나기 어렵다는 생각을 늘 일으키면 도를 닦는 업이 항상 새롭고, 불법에 대하여 경사스럽고 다행하다는 마음을 항상 품으면 마침내 물러나지 아니하리라."[7]라고 하였다.

5) 옷에 공양거리를 담아서 공양하다

각 이 천 의 　　성 일 체 화　　　성 일 체 향　　　성 일
各以天衣로 **盛一切華**하며 **盛一切香**하며 **盛一**

체 보　　　성 일 체 장 엄 구　　　성 일 체 천 전 단 말 향
切寶하며 **盛一切莊嚴具**하며 **盛一切天栴檀末香**하며

성 일 체 천 침 수 말 향　　　성 일 체 천 묘 보 말 향
盛一切天沈水末香하며 **盛一切天妙寶末香**하며

---

7) 長起難遭之想하면 道業이 恒新하고 常懷慶幸之心하면 終不退轉하리라.

<small>성일체천향화</small> <small>성일체천만다라화</small> <small>실이</small>
盛一切天香華하며 **盛一切天曼陀羅華**하야 **悉以**

<small>봉산</small> <small>공양어불</small>
奉散하야 **供養於佛**하니라

　제각기 하늘옷에 온갖 꽃을 담고, 온갖 향을 담고, 온갖 보배를 담고, 온갖 장엄거리를 담고, 온갖 하늘의 전단가루향을 담고, 온갖 하늘의 침수가루향을 담고, 온갖 하늘의 미묘한 보배가루향을 담고, 온갖 하늘의 향기로운 꽃을 담고, 온갖 하늘의 만다라꽃을 담아서 모두 다 받들어 흩어서 부처님께 공양하였습니다.

　여기에서의 옷이란 그냥 천이며 보자기다. 인도에서는 지금도 그렇지만 당시에는 천을 그냥 옷으로 사용하였다. 천으로 된 큰 보자기에 꽃을 담고, 향을 담고, 보배를 담고, 온갖 장엄거리를 담고, 갖가지 향을 담아서 뿌리고 흩으면서 부처님께 공양하였다.

6) 도솔천자가 마음을 일으켜 공양하고 장엄하다

百千億那由他阿僧祇兜率天子가 住虛空中하야 咸於佛所에 起智慧境界心하야 燒一切香하니 香氣成雲하야 莊嚴虛空하며 又於佛所에 起歡喜心하야 雨一切天華雲하야 莊嚴虛空하며 又於佛所에 起尊重心하야 雨一切天蓋雲하야 莊嚴虛空하며

백천억 나유타 아승지 도솔천자는 허공 중에 있으면서 다 같이 부처님 처소에 지혜 경계의 마음을 내어서 온갖 향을 사르니, 향기가 구름이 되어 허공을 장엄하였습니다. 또 부처님 처소에 환희한 마음을 일으켜 온갖 하늘꽃구름을 비 내려 허공을 장엄하였습니다. 또 부처님 처소에 존중한 마음을 일으켜 온갖 하늘일산구름을 비 내려 허공을 장엄하였습니다.

이 단락에서 특별한 점은 무수한 천자들이 부처님의 처소에 각각 훌륭한 마음을 일으켜서 가지가지로 공양하고 허공을 장엄한다는 것이다. 국가에서 중요한 행사가 있을 때 가끔 비행기를 띄워서 허공을 장엄하는 경우가 있다. 지혜의 마음을 일으키고, 환희하는 마음을 일으키고, 존중심을 일으켜서 향을 사르고 온갖 구름을 비 내려 공양하였다.

우어불소　　　기공양심　　　산일체천만운
又於佛所에 起供養心하야 散一切天鬘雲하야

장엄허공　　　우어불소　　　생신해심　　　포아승
莊嚴虛空하며 又於佛所에 生信解心하야 布阿僧

지금망　　　미부허공　　　일체보령　　　상출묘음
祇金網하야 彌覆虛空하고 一切寶鈴에 常出妙音하며

우어불소　　　생최승복전심　　　이아승지장
又於佛所에 生最勝福田心하야 以阿僧祇帳으로

장엄허공　　　우일체영락운　　　무유단절　　　우
莊嚴虛空하고 雨一切瓔珞雲하야 無有斷絕하며 又

어불소　　　생심신심　　　이아승지제천궁전
於佛所에 生深信心하야 以阿僧祇諸天宮殿으로

장엄허공　　일체천악　출미묘음
莊嚴虛空하야 一切天樂이 出微妙音하며

　또 부처님 처소에 공양하는 마음을 일으켜 온갖 하늘 화만구름을 흩어서 허공을 장엄하였습니다. 또 부처님 처소에 믿고 이해하는 마음을 내어 아승지 금그물을 펴서 허공에 가득히 덮으니 온갖 보배방울에서는 미묘한 소리가 항상 나고 있었습니다. 또 부처님 처소에 가장 수승한 복전의 마음을 내어 아승지 휘장으로 허공을 장엄하고 일체 영락구름을 비 내려서 단절함이 없었습니다. 또 부처님 처소에 깊이 믿는 마음을 내어 아승지 모든 하늘궁전으로 허공을 장엄하여 일체 하늘음악이 미묘한 소리를 내었습니다.

　도솔천자가 또 공양하는 마음과 믿고 이해하는 마음과 수승한 복전의 마음과 깊이 믿는 마음을 내어 가지가지로 허공을 장엄하고 가지가지로 공양하였다.

우어불소　　생최승난우심　　　이아승지종종
又於佛所에 生最勝難遇心하야 以阿僧祇種種

색천의운　　　장엄허공　　우어무비종종묘의
色天衣雲으로 莊嚴虛空하야 雨於無比種種妙衣하며

우어불소　　생무량환희용약심　　이아승지제
又於佛所에 生無量歡喜踊躍心하야 以阿僧祇諸

천보관　　장엄허공　　우무량천관　　광대성
天寶冠으로 莊嚴虛空하고 雨無量天冠하야 廣大成

운　　우어불소　　기환희심　　이아승지종종색
雲하며 又於佛所에 起歡喜心하야 以阿僧祇種種色

보　　장엄허공　　우일체영락운　　무유단절
寶로 莊嚴虛空하고 雨一切瓔珞雲하야 無有斷絶
하니라

　또 부처님 처소에 가장 수승하고 만나기 어려운 마음을 내어 아승지 갖가지 색깔 하늘옷구름으로 허공을 장엄하여 비교할 수 없는 가지가지 아름다운 옷을 비 내렸습니다. 또 부처님 처소에 한량없는 환희용약하는 마음을 내어 아승지 모든 하늘보배관으로 허공을 장엄하여 한량없는 하늘관을 비 내려서 광대한 구름을 만들었습니다. 또 부처님 처소에 환희하는 마음을 일으켜서 아승지 가지가지 색깔 보배로 허공을 장엄하여 일체 영락 구름을 비 내려서 단절함이 없었습니다.

계속해서 도솔천자가 부처님의 처소에 가장 수승하고 만나기 어렵다는 마음과 한량없는 환희용약하는 마음 등을 내어 허공을 장엄하고 가지가지로 공양하였다.

7) 백천억 천자들이 마음을 일으켜 공양하다

百千億那由他阿僧祇天子가 咸於佛所에 生淨信心하야 散無數種種色天華하고 燃無數種種色天香하야 供養如來하며 又於佛所에 起大莊嚴變化心하야 持無數種種色天栴檀末香하야 奉散如來하며 又於佛所에 起歡喜踊躍心하야 持無數種

종색개   수축여래
種色蓋하야 **隨逐如來**하며

　백천억 나유타 아승지 천자들은 모두 부처님 처소에 청정하게 믿는 마음을 내어 무수한 가지각색 하늘꽃을 흩으며 무수한 가지각색 하늘향을 살라서 여래를 공양하고, 또 부처님 처소에 크게 장엄하고 변화하는 마음을 일으켜 무수한 가지각색 하늘전단가루향을 가져 여래께 받들어 흩으며, 또 부처님 처소에 환희용약하는 마음을 일으켜 무수한 가지각색 일산을 들고 여래를 뒤따랐습니다.

　이번에는 백천억 나유타 아승지나 되는 많고 많은 천자들이 부처님 처소에 청정하게 믿는 마음을 내고, 크게 장엄하고 변화하는 마음을 일으키고, 다시 또 환희용약하는 마음을 일으켜 무수한 가지각색 일산을 들고 여래를 뒤따르는 광경을 그렸다.

又於佛所에 起增上心하야 持無數種種色天寶衣하고 敷布道路하야 供養如來하며 又於佛所에 起淸淨心하야 持無數種種色天寶幢하야 奉迎如來하며 又於佛所에 起增上歡喜心하야 持無數種種色天莊嚴具하야 供養如來하며

또 부처님 처소에 더 나은 마음을 일으켜 무수한 가지각색 하늘옷을 가지고 길에 깔아서 여래께 공양하였으며, 또 부처님 처소에 청정한 마음을 일으켜 무수한 가지각색 하늘보배깃대를 받들어 여래를 맞이하였으며, 또 부처님 처소에 더 나은 환희하는 마음을 일으켜 무수한 가지각색 하늘장엄거리를 가지어 여래께 공양하였습니다.

또 백천억 나유타 아승지나 되는 많고 많은 천자들이 부처님 처소에 더 나은 마음과 청정한 마음과 더 나은 환희하

는 마음을 일으켜서 여래에게 공양하였다. 부처님 처소란 무엇인가. 수행하는 곳이며, 도를 닦는 곳이며, 불법을 공부하는 곳이다. 진실로 이와 같은 본래의 뜻에 충실하다면 누군들 환희심이 나지 않겠는가.

又於佛所_에 生不壞信心_{하야} 持無數天寶鬘_{하야} 供養如來_{하며} 又於佛所_에 生無比歡喜心_{하야} 持無數種種色天寶幡_{하야} 供養如來_{하며} 百千億那由他阿僧祇諸天子_가 以調順寂靜無放逸心_{으로} 持無數種種色天樂_{하야} 出妙音聲_{하야} 供養如來_{하니라}

또 부처님 처소에 무너지지 않는 신심을 내어 무수한 하늘보배화만으로 여래께 공양하고, 또 부처님 처소에 비길 데 없는 환희하는 마음을 내어 무수한 가지각색 하늘보배깃발을 가지어 여래께 공양하였으며, 백천억 나유타 아승지 천자들은 조화롭고 고요하여 방일하지 않은 마음으로 무수한 가지각색 하늘음악을 가지고 미묘한 음성을 내어 여래께 공양하였습니다.

역시 백천억 나유타 아승지나 되는 천자들이 부처님 처소에 무너지지 않는 신심을 내고, 비길 데 없는 환희하는 마음을 내어 가지가지로 공양하며, 방일하지 않은 마음으로 무수한 가지각색 하늘음악을 가지고 미묘한 음성을 내어 여래께 공양하였다.

8) 보살 대중의 많은 수행으로 얻은 많은 과보의 공양

백천억나유타불가설선주도솔궁제보살중
百千億那由他不可說先住兜率宮諸菩薩衆이

이종초과삼계법소생 이제번뇌행소생 주
以從超過三界法所生과 **離諸煩惱行所生**과 **周**

변무애심소생 심심방편법소생 무량광대
徧無礙心所生과 **甚深方便法所生**과 **無量廣大**

지소생　　견고청정신소증장　　부사의선근소
智所生과 堅固淸淨信所增長과 不思議善根所

생기　　아승지선교변화소성취　　공양불심지
生起와 阿僧祇善巧變化所成就와 供養佛心之

소현　　무작법문지소인　　출과제천제공양구
所現과 無作法門之所印인 出過諸天諸供養具로

공양어불
供養於佛하니라

　백천억 나유타 말할 수 없는 과거로부터 도솔천궁에 있던 보살 대중은 삼계를 초과한 법으로부터 생기고, 모든 번뇌를 여읜 행으로부터 생기고, 두루 가득하여 걸림이 없는 마음으로 생기고, 매우 깊은 방편의 법으로 생기고, 한량없이 광대한 지혜로 생기고, 견고하고 청정한 믿음으로 증장하고, 부사의한 선근으로 일어나고, 아승지 공교한 변화로 성취하고, 부처님께 공양하는 마음으로 나타나고, 지음이 없는 법문으로 인가한 바인 여러 하늘보다도 나은 모든 공양거리로 부처님께 공양하였습니다.

　부처님이 도솔천에 오시기 전부터 그곳에 있던 백천억 나유타 보살들이 공양을 올리는 내용을 밝혔다. 여러 가지 수행[多因]으로 여러 가지 결과를 얻은[多果] 공양인데 여러 다른 하늘의 공양보다도 더 나은 온갖 공양거리로 부처님께 공양하였다.

9) 한 가지 수행으로 얻은 한 가지 과보의 공양

이종바라밀소생일체보개   어일체불경계
以從波羅蜜所生一切寶蓋와 **於一切佛境界**

청정해소생일체화장   무생법인소생일체의
清淨解所生一切華帳과 **無生法忍所生一切衣**와

입금강법무애심소생일체령망   해일체법여
入金剛法無礙心所生一切鈴網과 **解一切法如**

환심소생일체견고향   주변일체불경계여래
幻心所生一切堅固香과 **周徧一切佛境界如來**

좌심소생일체불중보묘좌   공양불불해심소
座心所生一切佛衆寶妙座와 **供養佛不懈心所**

생일체보당   해제법여몽환희심소생불소주
生一切寶幢과 **解諸法如夢歡喜心所生佛所住**

일 체 보 궁 전
一切寶宮殿이니라

　바라밀다로부터 생긴 모든 보배일산과, 온갖 부처님 경계를 청정하게 이해하므로 생긴 모든 꽃휘장과, 무생법인無生法忍으로 생긴 모든 옷과, 금강 법에 들어간 걸림 없는 마음으로 생긴 모든 풍경그물과, 일체 법을 아는 환술 같은 마음으로 생긴 모든 견고한 향과, 일체 부처님 경계와 여래의 자리에 두루 한 마음으로 생긴 모든 부처님의 여러 가지 보배의 묘한 자리와, 부처님께 공양하고 게으르지 않은 마음으로 생긴 모든 보배깃대와, 모든 법이 꿈과 같은 줄 아는 환희한 마음으로 생기어 부처님이 머무시는 모든 보배궁전이었습니다.

　역시 부처님이 도솔천에 오시기 전부터 그곳에 있던 백천억 나유타 보살들이 공양을 올리는 내용으로서 한 가지 수행으로 얻은 한 가지 과보의 공양이다.

10) 한 가지 수행으로 얻은 많은 과보의 공양

無着善根無生善根所生一切寶蓮華雲과 一切堅固香雲과 一切無邊色華雲과 一切種種色妙衣雲과 一切無邊淸淨栴檀香雲과 一切妙莊嚴寶蓋雲과 一切燒香雲과 一切妙鬘雲과 一切淸淨莊嚴具雲이 皆徧法界하야 出過諸天供養之具로 供養於佛하나라

집착이 없는 선근과 나는 일이 없는 선근으로 생긴 일체 보배연꽃구름과 일체 견고향구름과 일체 그지없는 빛깔 꽃구름과 일체 가지각색 묘한 옷구름과 일체 그지없이 청정한 전단향구름과 일체 묘한 장엄의 보배 일산구름과 일체 사르는 향 구름과 일체 묘한 화만구름과 일체 청정한 장엄거리구름들이 다 법계에 두루 하여

다른 하늘보다도 더 나은 공양거리로 부처님께 공양하였습니다.

역시 부처님이 도솔천에 오시기 전부터 그곳에 있던 백천억 나유타 보살들이 공양을 올리는 내용으로서 한 가지 수행으로 얻은 많은 과보의 공양이다. 집착이 없는 선근과 나는 일이 없는 선근은 같은 한가지 선근이다.

11) 보살들의 몸에서 수많은 보살들을 내어 공양하다

其諸菩薩의 一一身에 各出不可說百千億那
기제보살 일일신 각출불가설백천억나

由他菩薩하야 皆充滿法界虛空界하며 其心이 等於
유타보살 개충만법계허공계 기심 등어

三世諸佛하며 以從無顚倒法所起와 無量如來力
삼세제불 이종무전도법소기 무량여래력

所加로 開示衆生安隱之道하며 具足不可說名味
소가 개시중생안은지도 구족불가설명미

句하며 普入無量法하며 一切陀羅尼種中에서 生不可窮盡辯才之藏하며 心無所畏하야 生大歡喜하며 以不可說無量無盡如實讚歎法으로 讚歎如來하야 無有厭足이러라

 그 보살들의 낱낱 몸에서 각각 말할 수 없는 백천억 나유타 보살을 내었으니, 다 법계와 허공계에 충만하며, 그 마음은 삼세의 부처님들과 평등하며, 뒤바뀜이 없는 법으로부터 일어난 바와 한량없는 여래의 힘을 가피한 바로써 중생에게 편안한 도를 보이며, 말할 수 없는 낱말과 구절과 뜻을 구족하고, 한량없는 법에 들어가고, 일체 다라니 종자 가운데서 다할 수 없는 변재의 장藏을 내어 마음에 두려움 없고, 크게 환희함을 내며, 말할 수 없이 무량 무진한 사실과 같은 찬탄하는 법으로 여래를 찬탄하되 싫어함이 없었습니다.

 보살들의 몸에서 정보正報의 공양을 내는 내용이다. 몸이

갖는 덕의 양이 낱낱이 법계에 두루 한 것은 그 덕이 부처님과 같기 때문이다. 부처님이 도솔천에 오시기 전부터 그곳에 있던 백천억 나유타 보살들의 수행과 그 수행의 덕화가 어떠하다는 것을 여실히 보여 주는 내용이다. 십주+住와 십행+行과 십회향+廻向을 삼현三賢이라 한다. 그중에 십회향은 삼현의 극치다. 보살의 지위가 높은 만큼 그와 같은 법을 설하는 배경과 환경과 청법 대중들의 경지가 그만큼 높다는 것을 표현한 것이다.

5. 여러 대중들이 부처님의 수승한 공덕을 보다

1) 대중들이 여래를 친견하다

爾時에 一切諸天과 及諸菩薩衆이 見於如來應正等覺不可思議人中之雄하니라

그때에 일체 천신과 보살 대중이 여래 응공 정등각正等覺이시며 불가사의한 사람 가운데 영웅이신 이를 뵈었습니다.

드디어 일체 천왕과 천신과 천자와 천녀와 그리고 모든 보살들이 여래를 친견하게 되었다. 여래 응공 정등각이며 불

가사의한 사람 가운데 영웅이라고 지칭하였다. 여래의 열 가지 이름이 있는데 특히 응공을 드러낸 것은, 앞에서 무수한 대중들이 온갖 공양거리로 공양하였는데 그 모든 공양을 충분히 받을 만한 훌륭한 분이라는 뜻을 밝힌 것이다. 세상에는 공양이나 존경을 받을 수 없는데도 공양과 존경을 받는 사람들이 많음을 경계한 것이다.

2) 여래의 공덕을 관찰하다

其身이 無量하사 不可稱數라 現不思議種種神變하사 令無數衆生으로 心大歡喜하며 普徧一切虛空界一切法界하사 以佛莊嚴으로 而爲莊嚴하사 令一切衆生으로 安住善根하며 示現無量諸佛神力하사

초과일체제어언도   제대보살   소공흠경
超過一切諸語言道하야 **諸大菩薩**의 **所共欽敬**이라

수소응화   개령환희   주어제불광대지신
隨所應化하야 **皆令歡喜**하며 **住於諸佛廣大之身**하사

공덕선근   실이청정   색상   제일   무능영
功德善根이 **悉已淸淨**하고 **色相**이 **第一**이라 **無能映**

탈
奪이시니라

 그 몸이 한량이 없고 헤아릴 수 없었습니다. 부사의한 갖가지 신통변화를 나타내어 수없는 중생의 마음을 기쁘게 합니다. 일체 허공계와 일체 법계에 두루 하여 부처님의 장엄으로써 장엄하였습니다. 모든 중생으로 하여금 선근에 편안히 머물게 합니다. 한량없는 모든 부처님의 신력을 보이시니 온갖 말로 설명할 길을 뛰어넘어 여러 대보살의 공경하는 바였습니다. 마땅한 바를 따라 교화하여 모두를 환희케 하니, 여러 부처님의 광대한 몸에 안주하여 공덕과 선근이 다 이미 청정하였고, 색상이 제일이어서 능히 덮어서 가릴 이가 없었습니다.

 여래의 장애 없고 걸림 없는 공덕의 몸을 관찰하여 찬탄

하였다. 그 몸은 불가사의한 갖가지 신통변화를 나타내어 무수한 중생의 마음을 기쁘게 한다. 일체 허공계와 일체 법계에 두루 해서 부처님의 장엄으로써 장엄하였다. 또 색상이 제일이어서 능히 덮어서 가릴 이가 없었다.

3) 형상이 없는 법에 나아가다

智慧境界가 **不可窮盡**이라 **無比三昧之所出生**이며 **其身**이 **無際**하야 **徧住一切衆生身中**하사 **令無量衆生**으로 **皆大歡喜**하고 **令一切智**로 **種性不斷**케 하시니라

지혜 경계를 다할 수 없으니 비길 데 없는 삼매로 출생한 것이며, 그 몸이 끝이 없어 일체 중생의 몸 가운데 두루 있으면서 한량없는 중생을 모두 환희케 하며, 일체 지혜의 종성이 끊어지지 않게 하였습니다.

여래의 지혜 경계는 다함이 없는데 그것은 비길 데 없는 삼매로부터 나온 것이다. 삼학三學에도 계를 닦고 선정삼매를 닦아서 그 다음으로 지혜가 난다고 하였다. 또 형상이 없는 지혜의 몸은 끝이 없어서 일체 중생의 몸에 두루 머문다. 그러므로 중생은 크게 환희한다. 환희하므로 다시 일체 지혜는 그 종성種性이 끊어지지 않고 영원히 이어진다. 법을 알아 환희한다는 것은 그와 같은 큰 작용이 따른다.

4) 부처님이 머무는 곳에 머물다

住於諸佛究竟所住하사 生於三世諸佛之家하야
令不可數衆生으로 信解淸淨하며 令一切菩薩로
智慧成就하야 諸根悅豫하며 法雲이 普覆虛空法界
하야 敎化調伏을 無有遺餘하사 隨衆生心하야 悉令

滿足하고 令其安住無分別智하야 出過一切衆生
之上케하시니라

 모든 부처님이 구경에 머무시는 데 머무르시고, 삼세 모든 부처님의 가문에 나서 셀 수 없는 중생들로 하여금 믿고 이해함을 청정케 하며, 모든 보살로 하여금 지혜를 성취하여 모든 근根을 기쁘게 하며, 법의 구름이 허공과 법계에 널리 덮이어 교화하고 조복하매 남김이 없으며, 중생의 마음을 따라 모두 만족케 하며, 그들로 하여금 분별없는 지혜에 머물러 일체 중생의 위를 지나가게 하였습니다.

 여래의 공용功用이 없는 공용의 불사佛事가 쉬지 않는 공덕을 관찰하는 내용이다. 여래는 모든 부처님이 구경에 머무시는 데 머무르시고, 삼세의 모든 부처님의 가문에 태어난다. 공용功用이 없는 공용의 불사란 어떠한 불사를 짓되 짓는다는 의식적인 조작이나 의도를 갖지 않고 하는 불사다.

5) 일체 부처님의 평등성에 이르렀음을 밝히다

獲一切智_{하사} 放大光明_{하야} 宿世善根_을 皆令
顯現_{하사} 普使一切_로 發廣大心_{하야} 令一切衆生_{으로}
安住普賢不可壞智_{하며} 徧住一切衆生國土_{하사}
從於不退正法中生_{하야} 住於一切平等法界_{하며}

일체 지혜를 얻고 큰 광명을 놓아 지난 세상의 선근을 모두 나타나게 하며, 모든 이들로 하여금 광대한 마음을 내게 하여 온갖 중생들을 보현보살의 깨뜨릴 수 없는 지혜에 머물게 하며, 일체 중생의 국토에 두루 머물되 물러나지 않는 바른 법 가운데로부터 나서 일체가 평등한 법계에 머물렀습니다.

부처님은 숙세에 닦은 선근을 지혜의 가르침으로 낱낱이 다 나타낸다. 그것으로 일체 중생들로 하여금 넓고 큰 마음을 내게 하여 다시 보현보살과 같은 깨뜨릴 수 없는 지혜에 머물게 한다. 이것이 부처님이 중생에게 하는 일이며 불사다. 또 부처님은 일체 중생들의 국토에 두루 머물면서 일체 중생들을 물러나지 않는 바른 법 가운데로부터 나서 일체가 평등한 법계에 머물게 한다.

明了衆生心之所宜_{하사} 現不可說不可說種種差別如來之身_{하시니} 非世言辭로 而歎可盡이라 能令一切로 常思念佛_{하야} 充滿法界_{하사} 廣度群生_{하사대} 隨初發心의 所欲利益_{하야} 以法惠施_{하사} 令其調伏_{하며} 信解淸淨_{하고} 示現色身의 不可思議케 하시니라

중생들의 마음에 마땅함을 알고 말할 수 없이 말할 수 없는 갖가지 차별한 여래의 몸을 나타내니, 세상의 말로는 다 찬탄할 수 없습니다. 또 모든 이들로 하여금

부처님이 법계에 충만하여 중생들을 널리 제도하심을 항상 생각하게 하며, 처음 발심한 적부터 이익되게 하려던 것을 법으로 보시하여 그로 하여금 조복케 하며, 믿고 이해함을 청정케 하며, 색신을 나타내는 일을 부사의하게 하였습니다.

부처님은 중생들의 마음에 알맞은 무수히 차별한 몸을 나타낸다. 그와 같은 무한한 능력을 세상의 말로는 다 찬탄할 수 없다. "또 모든 이들로 하여금 부처님이 법계에 충만하여 중생들을 널리 제도하심을 항상 생각하게 한다."고 하였다. 우리는 이와 같은 사실을 깊이 알고 잊지 말아야 한다. 중생들은 부처님을 잊고 있어도 부처님은 중생들을 항상 제도하신다.

또 부처님은 처음 발심하셨을 때부터 법으로 중생들에게 보시하여 이익을 주려고 하였다. 그러므로 부처님은 일생을 통하여 의식주는 오히려 중생에게 보시를 받아서 해결하고 법으로써 중생들에게 보시하였다. 모든 불교도들도 이와 같이 해야 한다. 이것이 불교적 삶의 근본이다.

6) 일체 장애를 대치하는 공덕

等觀衆生하사대 心無所着住無礙住하사 得佛
十力하야 無所障礙하며 心常寂定하사 未曾散亂하야
住一切智하시니라

중생을 평등하게 관찰하여 마음에 집착함이 없고 장애가 없이 머무는 데 머물렀으며, 부처님의 열 가지 힘을 얻어 장애됨이 없으며, 마음이 항상 고요하게 안정되어서 산란치 아니하고 온갖 지혜에 머물렀습니다.

부처님은 일체 중생을 평등하게 관찰하여 마음에 집착도 없고 차별도 없다. 이것은 큰 덕이다. 또 열 가지 힘[8]을 얻어서 일체 장애를 대치하는 공덕이 있다. 부처님의 능력을 드

---

[8] ① 처비처지력處非處智力: 이치에 맞는 것과 맞지 않는 것을 분명히 구별하는 능력 ② 업이숙지력業異熟智力: 선악의 행위와 그 과보를 아는 능력 ③ 정려해탈등지등지력靜慮解脫等持等至智力: 모든 선정禪定에 능숙한 능력 ④ 근상하지력根上下智力: 중생의 능력이나 소질의 우열을 아는 능력 ⑤ 종종승해지력種

러내는 데 이 열 가지 힘이 있음을 가장 많이 사용한다. 또 마음이 항상 고요하게 안정되어서 산란치 아니해야 온갖 지혜가 드러난다.

7) 문장과 구절의 진실한 뜻을 잘 연설하는 공덕

善能開演種種文句眞實之義하고 能悉深入無
邊智海하사 出生無量功德慧藏하시니라

갖가지 문장과 구절의 진실한 뜻을 잘 연설하여 끝없는 지혜 바다에 능히 깊이 들어가 한량없는 공덕과 지혜의 장을 냅니다.

種勝解智力: 중생의 여러 가지 뛰어난 판단을 아는 능력 ⑥ 종종계지력種種界智力: 중생의 여러 가지 근성을 아는 능력 ⑦ 변취행지력遍趣行智力: 어떠한 수행으로 어떠한 상태에 이르게 되는지를 아는 능력 ⑧ 숙주수념지력宿住隨念智力: 중생의 전생을 기억하는 능력 ⑨ 사생지력死生智力: 중생이 죽어 어디에 태어나는지를 아는 능력 ⑩ 누진지력漏盡智力: 번뇌를 모두 소멸시키는 능력.

경전의 문장과 구절의 뜻을 잘 연설하는 것은 곧 깊은 지혜의 바다에 들어가는 일이며, 깊은 지혜의 바다에 들어가야 한량없는 공덕을 출생한다. 지혜가 없이 공덕을 출생할 수는 없다. 그리고 그 지혜는 곧 화엄경의 문장과 구절의 진실한 뜻에서 건져 내는 것이다.

8) 세간에 있으되 세간에 걸리지 않는 공덕

恒以佛日로 普照法界하며 隨本願力하사 常現不沒하며 恒住法界하사 佳佛所住하며 無有變異하사 於我我所에 俱無所着하고 住出世法하사 世法無染하시니라

항상 부처님의 태양으로 법계를 두루 비추되 본래의 원력을 따라 항상 나타나고 없어지지 않나니, 법계에

항상 머무르면서 부처님의 머무시는 데 머물러 변동이 없으며, 나와 내 것에 모두 집착함이 없으며 출세의 법에 머무르면서 세상의 법에 물들지 아니합니다.

일체 천왕과 천신과 천자와 천녀와 그리고 모든 보살들이 여래를 친견하고 여래 응공 정등각이며 불가사의한 사람 가운데 영웅이라고 지칭하면서 여래의 온갖 공덕을 드러내어 밝히는 내용이 계속해서 이어진다.

불교 세계에서는 불일보조佛日普照라는 말을 자주 사용한다. 부처님의 태양과 같은 진리의 가르침이 항상 우주법계를 널리 비추고 있다는 뜻이다. 진리는 태양과 같아서 누가 설명하지 않아도 항상 우주법계를 환하게 비추고 있건만 진리에 눈이 어두운 사람들은 그 사실을 모른 채 진리의 맹인으로 살아가고 있다. 또 불일佛日이 보조普照하는 것은 진리의 본래의 원력이기도 하다. 그래서 나와 내 것에 모두 집착함이 없으며 출세의 법에 머무르면서 세상의 법에 물들지 않는다. 이것이 곧 진리며 태양인 부처님의 본모습이다.

9) 정법正法을 세우는 공덕

於一切世間에 建智慧幢하시니 其智가 廣大하야
超過世間하사 無所染着하며 拔諸衆生하사 令出淤
泥하야 置於最上智慧之地하며 所有福德으로 饒益
衆生호대 而無有盡하고 了知一切菩薩智慧하야 信
向決定하야 當成正覺하며 以大慈悲로 現不可說
無量佛身하사 種種莊嚴하고 以妙音聲으로 演無量
法하사 隨衆生意하야 悉令滿足케하시니라

 일체 세간에 지혜의 깃대를 세우니, 그 지혜가 광대하고 세간을 초월하여 물들지 아니하며, 중생들을 수렁에서 빼내어 가장 높은 지혜의 언덕에 두며, 가진 복덕으로 중생을 요익하게 하되 다함이 없으며, 모든 보살의 지혜를 분명히 알아서 믿고 나아감이 결정되어 마땅히 정각을 이룰 것이며, 큰 자비로써 말할 수 없고 한량없는 부처의 몸을 나타내되 갖가지로 장엄하고, 미묘한 음성으로 한량없는 법문을 연설하여 중생의 뜻을 따라 모두 만족케 하십니다.

부처님이 정법을 세워서 모든 중생을 수렁에서 빼내어 가장 높은 지혜의 언덕에 두며 온갖 복덕으로 중생을 요익하게 하는 공덕을 밝혔다. 나아가서 큰 자비로써 말할 수 없고 한량없는 부처의 몸을 나타내되 갖가지로 장엄하고 미묘한 음성으로 한량없는 법문을 연설하여 중생의 뜻을 따라 모두 만족케 하는 공덕을 밝혔다.

10) 수기授記하는 공덕

於去來今에 心常淸淨하사 令諸衆生으로 不着

境界하며 恒與一切諸菩薩記하사 令其皆入佛之
種性하야 生在佛家하야 得佛灌頂케하시니라

　과거 미래 현재에 마음이 항상 청정하여 중생들로 하여금 경계에 집착하지 않게 하며, 일체 보살에게 항상 수기를 주어 부처님의 종성에 들어가고 부처님의 가문에 태어나서 부처님의 관정灌頂을 얻게 하십니다.

　부처님의 수많은 공덕 중에 중생들에게 경계에 집착하지 않게 하고, 또 일체 보살들에게는 수기를 주어 부처님의 종성에 들어가고 부처님의 가문에 태어나서 부처님의 관정灌頂을 얻게 하는 것이다. 이 일은 수기를 통해서 모든 사람 모든 생명이 본래로 부처님이라는 사실을 보증하여 그것을 깨닫게 하는 것이다. 스스로 부처님임을 깨달은 사람이 있으므로 부처님의 종성에 들어가는 것이 되며, 부처님의 집에 태어나는 것이 되며, 부처님의 관정灌頂을 얻게 되는 것이다. 이것이 부처님이 최후로 할 일이다.

11) 몸이 일체 세계에 시현示現하는 공덕

常_상遊_유十_시方_방하사 未_미曾_증休_휴息_식하사대 而_이於_어一_일切_체에 無_무所_소樂_낙着_착하고 法_법界_계佛_불刹_찰에 悉_실能_능徧_변往_왕하며 諸_제衆_중生_생心_심을 靡_미不_불了_요知_지하사 所_소有_유福_복德_덕으로 離_이世_세淸_청淨_정하사 不_부住_주生_생死_사하고 而_이於_어世_세間_간에 如_여影_영普_보現_현하시니라

시방에 항상 다니고 쉬지 아니하되 온갖 것에 집착하는 바가 없고, 법계의 부처님 세계에 두루 이르며, 모든 중생들의 마음을 모두 알고, 가진 복덕은 세상을 여의고 청정하여 생사에 머물지 않으면서도 모든 세간에 그림자처럼 널리 나타납니다.

부처님은 일체 세계를 아무리 유행하더라도 집착하는 바가 없다. 중생들의 마음을 모두 알고, 가진 복덕은 세상을 여의고 청정하여 생사에 머물지 않으면서도 모든 세간에 그림자처럼 널리 나타난다. 이것이 부처님이 세상에 시현하는

공덕이다.

12) 일체 법에 막힘이 없는 공덕

以智慧月로 普照法界하사 了達一切가 悉無所得하고 恒以智慧로 知諸世間이 如幻如影하며 如夢如化하야 一切가 皆以心爲自性하사 如是而住하시니라

지혜의 달로 법계를 두루 비추어 온갖 것을 얻을 바가 없음을 분명하게 알며, 항상 지혜로써 세간이 환술 같고 그림자 같고 꿈과 같고 변화한 것 같은 줄을 아나니, 모든 것이 마음으로 제 성품을 삼아 이렇게 머무릅니다.

부처님은 깨달음이라는 지혜의 달빛으로 우주법계를 널리 비춘다. 지혜의 달빛으로 비춰 보면 그 무엇도 얻을 바가

없음을 분명히 안다. 그래서 반야심경에서는 "얻을 바가 없는 까닭에 보살은 반야바라밀다를 의지하므로 마음에 걸림이 없고, 걸림이 없으므로 두려움이 없어서 뒤바뀐 헛된 생각을 아주 떠나 완전한 열반에 들어갑니다. 과거, 현재, 미래의 모든 부처님도 이 반야바라밀다를 의지하므로 아뇩다라삼먁삼보리를 얻었습니다."라고 하였다. 궁극에는 이 세상에 아무것도 얻을 것이 없다.

또 지혜로써 모든 세상은 환영과 같고 꿈과 같고 환화와 같은 줄로 안다. 금강경에 "일체 세상의 유위의 법은 꿈과 같고, 환영과 같고, 물거품과 같고, 그림자와 같고, 이슬과 같고, 번갯불과 같은 줄을 응당히 관찰하라."[9]라고 하였다. 지혜로운 사람은 일체 존재를 이와 같이 안다. 그뿐만 아니라 일체 존재는 보이는 모습대로 실재하는 것이 아니라 모두 마음으로써 자체의 성품을 삼는다. 오직 마음뿐이요, 경계나 대상은 없다. 이와 같은 견해는 부처님의 큰 공덕이다.

---

9) 一切有爲法 如夢幻泡影 如露亦如電 應作如是觀.

13) 근기를 따라 몸을 나타내는 공덕

隨諸衆生의 業報不同과 心樂差別과 諸根各異하사 而現佛身하며 如來가 恒以無數衆生으로 而爲所緣하사 爲說世間이 皆從緣起하사 知諸法相이 皆悉無相이라

중생들의 업보가 같지 않고 마음이 차별하고 근성이 각자가 다름을 따라 부처님의 몸을 나타내며, 여래는 항상 무수한 중생으로 인연을 삼으며, 세간이 모두 인연으로부터 일어난 것이며, 모든 법의 모양이 다 형상이 없음을 말합니다.

부처님은 항상 중생들의 업보가 같지 않고, 마음이 차별하고, 근성이 각자가 다름을 따라서 그 몸을 나타낸다. 결코 일정하지 않다. 설사 어떤 특정한 모양을 나타냈다 하더라도 그 모양도 역시 업보를 따라 달리 본다. 마음과 근성

을 따라 달리 본다. 또 여래는 세간의 무수한 중생을 인연으로 삼는다. 실로 중생이 없는 부처님은 존재할 수 없기 때문이다.

무엇보다 부처님이 중생들에게 가장 많이 말씀하신 것은 '세간이 모두 인연으로부터 일어난 것이며, 모든 법의 모양은 다 실재하는 형상이 없음'에 대한 설법이다. 사리불과 목건련도 마승馬勝비구로부터 이 가르침[10]을 듣고 부처님의 제자가 되었다. 또 부처님이 깨달았다는 그 내용도 또한 이 연기의 법칙을 깨달았다는 것이다. 불교를 공부함에 있어 이 연기, 인연, 인과의 이치만 제대로 터득해서 실천한다면 거의 반 이상을 공부한 것이 된다.

唯是一相智慧之本하시고 欲令衆生으로 離諸相 着하야 示現一切世間性相하사 而行於世하야 爲其

---

10) 諸法從緣生 諸法從緣滅 我佛大沙門 常作如是說(모든 법은 인연으로부터 생기며, 모든 법은 인연으로부터 소멸한다. 우리 부처님 큰 사문께서는 항상 이와 같이 말씀하신다).

개 시 무 상 보 리
開示無上菩提하시니라

 오직 한 모양만이 지혜의 근본인 줄 알고, 중생으로 하여금 모든 모양에 집착함을 여의게 하고, 일체 세간의 성품과 모양을 나타내 보여 세상에 행하게 하려고 그들에게 가장 높은 깨달음을 열어 보이는 것입니다.

 지혜의 근본이 되는 오직 한 모양이란 제법이 공한 모양[諸法空相]이다. 모든 법이 공한 모양은 일체 형상에 집착하지 않는다. 모든 형상에 집착하지 않으면, 형상을 나타내 보여 세상에 행하더라도 가장 높은 깨달음을 열어 보이게 된다.

14) 여러 가지 행行을 행하는 공덕

위 욕 구 호 일 체 중 생   출 현 세 간   개 시 불
爲欲救護一切衆生하사 **出現世間**하야 **開示佛**
도   영 기 득 견 여 래 신 상   반 연 억 념   근 가
道하며 **令其得見如來身相**하고 **攀緣憶念**하야 **勤加**

修習하야 除滅世間煩惱之相하고 修菩提行호대 心不散動하야 於大乘門에 皆得圓滿하야 成就一切 諸佛義利케하시니라

  모든 중생을 구호하려고 세간에 출현하여 부처님의 도를 열어 보이며, 그들로 하여금 여래의 몸의 모습을 보고 반연하고 생각하여 부지런히 닦게 하며, 세간의 번뇌를 제멸하고 깨달음의 행을 수행하여 마음이 산란 치 아니하고 대승의 법문을 모두 원만히 하여 모든 부처님의 진리를 성취하게 합니다.

  부처님은 여러 가지 행을 행하는데 무엇보다 일체 중생을 구호하려고 세간에 출현하셨다. 또 자신이 깨달은 도를 열어 보이며, 여래의 몸의 모습을 보고 반연하고 생각하여 부지런히 수행하게 한다. 또 세간의 번뇌를 제멸하게 한다. 또 깨달음의 행인 지혜와 자비를 실천하게 한다. 끝내는 중생들에게 마음이 산란치 않고 대승의 법문을 모두 원만히 하여

모든 부처님의 진리를 성취케 한다.

15) 미묘한 지혜를 내는 공덕

悉能觀察衆生善根하사대 而不壞滅淸淨業報하고 智慧明了하사 普入三世하시니라

중생의 선근을 다 능히 관찰하여 청정한 업보를 파멸하지 아니하나니, 지혜가 분명하여 삼세에 널리 들어가십니다.

부처님의 미묘한 지혜는 중생들의 선근을 관찰하지만 더불어 함께하지 않는다. 즉 조화를 이루되 함께하지는 않는 화이부동和而不同이다. 그것이 자신의 청정한 업보를 파멸하지 않는 이치이다. 그와 같은 방법으로 밝은 지혜로 과거 현재 미래에 널리 들어간다.

16) 수승한 이해와 같이 시현示現하는 공덕

永離一切世間分別하고 放光明網하사 普照十方一切世界하사 無不充滿하며 色身妙好하사 見者無厭하며 以大功德智慧神通으로 出生種種菩薩諸行하사대 諸根境界가 自在圓滿하사 作諸佛事하고 作已便沒하시나라

일체 세간의 분별을 길이 여의었고, 광명그물을 놓아 시방의 모든 세계를 두루 비추어 가득차지 아니한 데 없으며, 색신色身이 기묘하여 보는 이가 싫어할 줄 모르며, 큰 공덕과 지혜와 신통으로 갖가지 보살의 여러 가지 행을 출생하며, 모든 근根과 경계가 자재하고 원만하며, 모든 불사佛事를 짓고는 문득 사라집니다.

일체 천왕과 천신과 천자와 천녀와 그리고 모든 보살들

이 여래를 친견하고 여래 응공 정등각이며 불가사의한 사람 가운데 영웅이라고 지칭하면서 여래의 온갖 공덕을 드러내어 밝히는 내용은 이와 같이 계속해서 이어진다.

부처님은 일체 세간의 분별과 차별을 영원히 떠났다. 광명을 두루 비추어 시방세계에 가득하다. 부처님은 그 색신色身 또한 기묘하여 보는 이가 싫어할 줄 모른다. 경주 석굴암의 불상은 돌을 깎아 만든 불상이지만 아무리 보아도 더 보고 싶어진다. 큰 공덕과 지혜와 신통으로 갖가지 보살의 행을 출생한다. 공덕과 지혜가 없다면 보살행을 하고자 한들 어떻게 하겠는가. 부처님은 특히 온갖 불사를 짓고는 문득 소리 없이 사라진다. 이것이 무주상의 본보기이다.

17) 한량없는 다라니로 중생을 조복하는 공덕

선 능 개 시 과 현 미 래 일 체 지 도
善能開示過現未來一切智道하사 **爲諸菩薩**하야
위 제 보 살

보 우 무 량 다 라 니 우
普雨無量陀羅尼雨하시고 **令其發起廣大欲樂**하야
영 기 발 기 광 대 욕 락

수 지 수 습
受持修習케하시니라

 과거 현재 미래의 온갖 지혜의 길을 능히 열어 보이며, 모든 보살들을 위하여 한량없는 다라니 비[雨]를 널리 내리어, 그들로 하여금 광대한 욕락欲樂을 일으켜 받아 지니고 닦아 익히게 합니다.

 부처님께서 보살들을 위하여 한량없는 다라니 비를 널리 내리어, 그들로 하여금 광대한 욕락欲樂을 일으켜 받아 지니고 닦아 익히게 한다는 그 보살들의 욕락이란 무엇일까. 보살이 중생들을 교화하려고 온갖 능력과 지혜와 자비를 즐겨 갖추고자 함이다. 흔히 중생에게는 욕락이라 하나 보살에게는 원력이라 한다. 여기에서는 욕락이나 원력이나 같은 의미다.

18) 평등법신으로 바라밀이 원만한 공덕

성 취 일 체 제 불 공 덕　　원 만 치 성　　무 변 묘
成就一切諸佛功德하사 **圓滿熾盛**하야 **無邊妙**

色으로 莊嚴其身하시니 一切世間이 靡不現覩라 永
離一切障礙之法하사 於一切法眞實之義에 已得
淸淨하고 於功德法에 而得自在하시니라

 일체 모든 부처님의 공덕을 성취하여 원만하고 치성하였으며, 그지없는 미묘한 색상으로 그 몸을 장엄하여 일체 세간이 보지 못하는 이가 없었습니다. 모든 장애되는 법을 영원히 여의고, 온갖 법의 진실한 이치에는 이미 청정하였고, 공덕의 법에는 자재함을 얻었습니다.

 부처님은 일찍이 바라밀을 원만히 닦은 공덕으로 일체 모든 부처님의 공덕을 성취하여 원만하고 치성하였으며, 그지없는 미묘한 색상으로 그 몸을 장엄하여 일체 세간에 보지 못하는 이가 없었다. 또 일체 장애가 되는 법을 영원히 여의었다. 또 일체 법의 진실한 이치에는 이미 청정하였고, 공덕의 법에 자유자재하였다.

19) 수승한 이해를 따라서 차별한 불국토를 시현하는 공덕

爲大法王_{하사} 如日普照_{하며} 爲世福田_{하사} 具大
威德_{하며} 於一切世間_에 普現化身_{하며} 放智慧光_{하사}
悉令開悟_{하고} 欲令衆生_{으로} 知佛具足無邊功德_{하며}

큰 법왕이 되어 태양과 같이 두루 비추며, 세상의 복밭이 되어 큰 위덕을 갖추고, 모든 세간에 화신化身을 널리 나타내며, 지혜의 광명을 놓아 모두 깨닫게 하나니, 중생들로 하여금 부처님께서 끝없는 공덕을 구족한 줄을 알게 하려는 것입니다.

부처님은 크나큰 진리의 왕이시다. 진리의 왕이므로 태양과 같이 세상을 환하게 널리 비추신다. 모든 사람은 그 진리의 빛을 받아서 참되고 바른 이치대로 살아야 한다. 또 부처님은 세상의 복밭이다. 그 복밭에 복을 심으면 복은 크게 성장한다. 복을 바라는 사람들은 부처님의 가르침에 따라 복이 자라는 방법을 바르게 알고 실천해야 한다. 복이 있는 사람이 위덕이 있다. 그래서 복이 없는 사람의 말은 실행이 되지 않는다. 또 불교라는 이름으로 수행과 신앙과 문화와 학문과 예술 등 수많은 분야에 부처님은 변화의 몸을 나타낸다. 무엇보다 깨달음의 지혜로 어리석은 중생을 모두 깨우쳐서 본래부터 스스로 한량없고 끝이 없는 공덕을 갖추고 있음을 알게 한다.

이무애증　　계정수위　　수순세간　　방편
以無礙繒으로 **繫頂受位**하며 **隨順世間**하야 **方便**

개도　　이지혜수　　안위중생　　위대의왕
開導하며 **以智慧手**로 **安慰衆生**하며 **爲大醫王**하사

선료중병　　일체세간무량국토　　실능변왕
善療衆病하며 **一切世間無量國土**에 **悉能徧往**하사

미증휴식
未曾休息하며

　장애 없는 비단을 이마에 매고 지위를 받으며, 세간을 따라서 방편으로 지도하고, 지혜의 손으로 중생을

위로하며, 큰 의왕이 되어 온갖 병을 잘 치료하며, 일체 세간의 한량없는 국토에 두루 나아가 쉬지 아니하였습니다.

    장애 없는 비단을 이마에 맨다는 것은 세상에서 높은 지위에 오른 지도자가 되어 세간을 따라 방편으로 지도하는 것을 말한다. "그 자리에 있으면 그 일을 한다."고 하였다. 세상은 모두 자리가 일을 한다. 아무리 좋은 뜻을 가지고 있다 하더라도 그 일을 할 수 있는 자리에 있지 못하면 좋은 뜻을 이루지 못한다. 또 부처님은 지혜의 손으로 중생을 위로한다. 그리고 중생의 병을 치료하는 큰 의사의 왕이 되어 온갖 병을 잘 치료한다. 그래서 부처님을 대의왕大醫王이라 한다. 이와 같이 끝없이 쉬지 않고 일체 한량없는 국토를 두루 다니신다.

淸淨慧眼이 離諸障翳하사 悉能明見하며 於作
청정혜안   이제장예   실능명견   어작

불선악업중생　　종종조복　　　영기입도　　　선 취
不善惡業衆生에 **種種調伏**하사 **令其入道**호대 **善取**

시의　　　　무유휴식　　　약제중생　　　기평등심
時宜하사 **無有休息**하며 **若諸衆生**이 **起平等心**이어든

즉위화현평등업보
卽爲化現平等業報하며

　청정한 지혜의 눈이 모든 장애를 여의어 밝게 보며, 나쁜 업을 지은 중생들을 갖가지로 조복하여 도道에 들어가게 하되 때를 잃지 않게 하여 쉬는 일이 없으며, 만일 모든 중생들이 평등한 마음을 일으키면 곧 평등한 업보를 변화하여 나타냅니다.

　부처님 청정한 지혜의 눈이 중생들의 온갖 장애를 여의어 밝게 보게 하신다. 또 나쁜 업을 지은 중생들을 갖가지로 조복하여 도에 들어가게 하되 때를 잃지 않게 하여 쉬지 않는다.

수기심락   수기업과   위현불신   종종
隨其心樂하고 隨其業果하야 爲現佛身하사 種種

신변   이위설법   영기오해   득법지혜
神變으로 而爲說法하사 令其悟解하야 得法智慧하며

심대환희   제근용약   견무량불   기심중
心大歡喜하야 諸根踊躍하며 見無量佛하고 起深重

신   생제선근   영불퇴전
信하야 生諸善根하야 永不退轉케하시니라

 그 마음을 따르고 그 업보를 따라서 부처의 몸과 갖가지 신통변화를 나타내어 법을 설하여 그들로 하여금 깨닫게 하며, 법의 지혜를 얻고는 마음이 크게 환희하고 모든 근根이 기뻐 뛰놀며, 한량없는 부처님을 친견하고는 깊고 무거운 신심을 일으키고 모든 선근을 내어 영원히 퇴전치 않게 합니다.

 부처님은 중생을 교화함에 그 마음을 따르고 그 업보를 따라서 부처의 몸과 갖가지 신통변화를 나타내어 법을 설하여 그들로 하여금 깨닫게 한다. 또 법의 지혜를 얻고는 마음을 크게 환희하게 한다.

20) 부처님의 세 가지 몸의 제한이 없는 공덕

一切衆生_이 隨業所繫_{하야} 長眠生死_{일새} 如來
(일체중생) (수업소계) (장면생사) (여래)

出世_{하사} 能覺悟之_{하야} 安慰其心_{하사} 使無憂怖_{하고}
(출세) (능각오지) (안위기심) (사무우포)

若得見者_면 悉令證入無依義智_{하며} 智慧善巧_로
(약득견자) (실령증입무의의지) (지혜선교)

了達境界_{하며} 莊嚴妙好_가 無能映奪_{하며} 智山法
(요달경계) (장엄묘호) (무능영탈) (지산법

芽_가 悉已淸淨_{하며}
아) (실이청정)

일체 중생이 업에 얽매여서 길이 생사에 잠자고 있거늘, 여래께서 출현하여 깨닫게 하고 마음을 위로하여 근심이 없게 하시며, 만일 보는 이가 있으면 모두 의지함이 없는 이치의 지혜[無依義智]를 증득하여 들게 하며, 지혜가 교묘하여 경계를 잘 알고, 장엄이 아름답고 묘하여 능히 가려 버릴 이가 없으며, 지혜의 산과 법의 싹이 모두 청정합니다.

여래는 일체 중생들이 업에 얽매여 길이 생사에 잠자고 있는 것을 깨닫게 하고 그 마음을 위로해서 근심이 없게 하고 만약 여래를 보는 이는 의지함이 없는 이치의 지혜를 증득하게 한다. 또 여래는 장엄이 아름답고 묘하여 능히 가려 버릴 이가 없으며, 지혜의 산과 법의 싹이 모두 청정하다.

或現菩薩^{하고} 或現佛身^{하사} 令諸衆生^{으로} 至無患地^{하며} 無數功德之所莊嚴^과 業行所成^{으로} 現於世間^{하시니} 一切諸佛^의 莊嚴淸淨^이 莫不皆以一切智業之所成就^{하시니라}

혹은 보살의 몸을 나타내고 혹은 부처의 몸을 나타내어, 중생들로 하여금 근심 없는 자리에 이르게 하나니, 수없는 공덕으로 장엄한 것이며, 업業과 행行으로 이루어져 세간에 출현하는 것이므로 모든 부처님의 장엄이 청정함은 모두 온갖 지혜의 업으로 성취하지 않음이 없습니다.

여래는 혹 보살로 혹 부처의 몸으로, 심지어 32응신과 천백억화신으로 나타나서 중생들로 하여금 근심 없는 자리에 이르게 하신다. 또 여래는 수없는 공덕으로 장엄한 것이며, 업業과 행行으로 이루어져 세간에 출현하는 것이다. 부처님의 장엄이 이처럼 청정함은 모두 온갖 지혜의 업으로 성취하지 않음이 없기 때문이다.

21) 일체 중생을 이익하게 하는 공덕

常守本願하사 不捨世間하야 作諸衆生의 堅固
상수본원   불사세간   작제중생   견고

善友하며 淸淨第一인 離垢光明을 令一切衆生으로
선우   청정제일   이구광명   영일체중생

皆得現見하며 六趣衆生의 無量無邊을 佛以神力
개득현견   육취중생   무량무변   불이신력

으로 **常隨不捨**하며
　　　상 수 불 사

　본래의 서원을 항상 지키어 세간을 버리지 아니하고 모든 중생들에게 견고한 선지식이 되며, 청정하기 제일이라 때를 떠난 광명을 모든 중생이 다 보게 하며, 여섯 갈래의 중생이 한량없지마는 부처님의 신력으로 항상 따르고 버리지 아니하게 합니다.

　여래의 본래의 서원이란 오직 중생을 교화하여 깨닫게 하고 그들 중생이 다시 여래와 같이 또 중생을 교화하는 것이다. 그래서 다시 모든 중생들의 견고한 선지식이 되어 청정 제일이 되게 한다. 여래는 또 지옥 아귀 축생 인도 천도 아수라 등의 무량무변한 중생들을 신통한 힘으로 항상 따라다니면서 하나도 버리지 아니한다. 이것이 여래의 본래의 서원이다.

若有往昔에 **同種善根**이면 **皆令淸淨**하며 **而於**
　약 유 왕 석　　동 종 선 근　　개 령 청 정　　이 어

六趣一切衆生에 不捨本願하사 無所欺誑하며 悉
以善法으로 方便攝取하사 令其修習淸淨之業하야
摧破一切諸魔鬪諍케하시니라

 만일 옛적에 선근을 함께 심었으면 모두 청정케 하고, 여섯 갈래의 모든 중생에게는 본래의 서원을 버리지 않고 속이는 일이 없으며, 다 선한 법과 방편으로 거두어 주며, 그들에게 청정한 업을 닦게 하고, 일체 모든 마군들의 투쟁을 깨뜨리게 합니다.

 여래가 하시는 일은 만약 중생들이 옛적에 선근을 함께 심었다면 그 모든 선근이 성취되게 한다. 또 여섯 갈래 중생들에게 본래의 서원을 버리지 않고 속이는 일이 없게 한다. 선한 법과 방편으로 거두어 주며, 그들에게 청정한 업을 닦게 하고, 일체 모든 마군들의 투쟁하는 일이 없게 한다. 세상은 온통 투쟁으로 얼룩져 있다. 불보살들이 오늘날의 중생 상황을 살핀다면 얼마나 가슴이 저밀까.

22) 여래의 다함이 없는 공덕

從無礙際하사 出廣大力하고 最勝日藏이 無有
障礙하사 於淨心界에 而現影像하시니 一切世間이
無不覩見이라 以種種法으로 廣施衆生하며

걸림이 없는 경계로 광대한 힘을 내되, 가장 훌륭한 태양이 장애가 없듯이 청정한 마음의 경계에 영상을 나타내어 모든 세간이 보게 하며, 갖가지 법으로 중생에게 널리 보시합니다.

여래는 걸림이 없는 경계로 광대한 힘을 내되, 가장 훌륭한 태양이 장애가 없듯이 한다. 그리고 갖가지 법으로 중생에게 널리 보시하는 것이 여래의 본래의 서원이다. 그래서 여래를 대시주大施主라고 한다. 실은 불교는 진리의 가르침으로 사람들에게 널리 보시하는 종교 단체다. 그 외의 모든 일은 법을 가르치기 위한 임시방편일 뿐이다.

불시무변광명지장 　　　제력지혜　　개실원만
佛是無邊光明之藏이라 **諸力智慧**가 **皆悉圓滿**
　　　항이대광 　　　보조중생 　　수기소원　　　　개
하사 **恒以大光**으로 **普照衆生**하사 **隨其所願**하사 **皆**
령만족 　　이제원적 　　위상복전 　　일체중생
令滿足하야 **離諸怨敵**하며 **爲上福田**하사 **一切衆生**의

공소의호
共所依怙라

　부처님은 그지없는 광명의 곳집이라, 모든 힘과 지혜가 원만하고 항상 큰 광명으로 중생을 두루 비추며, 그의 소원대로 다 만족케 하여 모든 원수와 적을 여의게 하며, 높은 복밭이 되어 일체 중생의 함께 의지하는 바입니다.

　부처님은 실로 그지없는 진리 광명의 곳집이다. 세상 모든 존재의 존재 원리를 다 함유하고 있다. 그 진리의 광명으로 중생들을 두루 비추어 그들의 소원대로 다 만족하게 한다. 무슨 문제인들 해결하지 못하겠는가. 또 모든 원수와 적을 여의게 한다. 높은 복밭이 되어 일체 중생의 함께 의지

하는 바가 된다.

범유소시 실령청정   수소선행   수무량
凡有所施에 **悉令淸淨**하고 **修少善行**에 **受無量**

복   실령득입무진지지   위일체중생   종식
福하야 **悉令得入無盡智地**하며 **爲一切衆生**의 **種植**

선근정심지주   위일체중생   발생복덕최상
善根淨心之主하고 **爲一切衆生**의 **發生福德最上**

양전   지혜심심   방편선교   능구일체삼악
良田하사 **智慧甚深**한 **方便善巧**로 **能救一切三惡**

도고
道苦하시니라

  무릇 베푸는 것을 모두 청정하게 하고 조그만 선행을 닦아도 한량없는 복을 받아서 다함이 없는 지혜의 땅에 들어가게 합니다. 모든 중생의 선근을 심는 청정한 마음의 주인이 되고, 모든 중생의 복덕을 내게 하는 가장 좋은 복의 밭이 되며, 지혜가 깊고 방편이 교묘하여 온갖 삼악도의 고통을 능히 구제합니다.

일체 천왕과 천신과 천자와 천녀와 그리고 모든 보살들이 여래를 친견하고 여래 응공 정등각이며 불가사의한 사람 가운데 영웅이라고 지칭하면서 여래의 온갖 공덕을 드러내어 밝히는 내용은 계속 이어져 여기에 이르렀다. 부처님은 베푸는 것을 모두 청정하게 하고 조그만 선행을 닦아도 한량없는 복을 받아서 다함이 없는 지혜의 땅에 들어가게 한다. 모든 중생의 복덕을 내게 하는 가장 좋은 복의 밭이 된다. 부처님보다 더 훌륭한 복전이 어디에 있겠는가. 부처님은 또 지혜가 깊고 방편이 교묘하여 온갖 삼악도의 고통을 능히 구제하신다. 부처님이 도솔천궁에 오르니 수많은 대중들이 온갖 공덕을 이와 같이 드러내어 찬탄하였다. 부처님의 공덕은 실로 끝도 없고, 한도 없고, 수도 없고, 가히 말할 수 없다.

23) 관찰하고 이해하는 일을 다 맺다

여 시 신 해　　여 시 관 찰　　여 시 입 어 지 혜 지
如是信解하며 **如是觀察**하며 **如是入於智慧之**

淵하며 **如是遊於功德之海**하며 **如是普至虛空智**
慧하며 **如是而知衆生福田**하며 **如是正念現前觀**
察하며 **如是觀佛諸業相好**하며 **如是觀佛普現世**
間하며 **如是觀佛神通自在**이라

 이와 같이 믿고 이해하며, 이와 같이 관찰하며, 이와 같이 지혜의 연못에 들어가며, 이와 같이 공덕의 바다에 노닐며, 이와 같이 허공과 같은 지혜에 두루 이르며, 이와 같이 중생의 복의 밭을 알며, 이와 같이 바른 생각으로 눈앞에서 보듯이 관찰하며, 이와 같이 부처님의 업과 상호相好를 관찰하며, 이와 같이 부처님의 세간에 나타남을 관찰하며, 이와 같이 부처님의 신통이 자재하심을 관찰합니다.

 법회에 모인 수많은 대중들이 그동안 위에서 밝힌 부처님의 수많은 공덕을 이와 같이 믿고 이해하고, 관찰하고, 지혜로 그 공덕의 연못에 들어가고, 공덕의 바다에서 유영하게 되었음을 밝혔다.

24) 대중들이 부처님의 모공광명을 보다

時彼大衆이 見如來身——毛孔에 出百千億那
由他阿僧祇光明하사 ——光明이 有阿僧祇色과
阿僧祇淸淨과 阿僧祇照明하야

그때에 대중들이 보니, 여래의 몸 낱낱 모공毛孔마다 백천억 나유타 아승지 광명이 나오고, 낱낱 광명마다 아승지 빛깔과 아승지 청정과 아승지 비침이 있었습니다.

부처님이 광명을 놓는 것이 두 가지가 있다. 대중들이 모공광명을 보았다는 것은 모공에서 항상 뿜어 내고 있는 광명[常光]을 보았다는 것이고, 아래에는 부처님이 몸에서 새롭게 광명을 놓는 것[放光]을 밝혔다.

모공광명에서는 광명의 모습과 광명의 이익을 밝혔다. 먼저 광명의 모습을 설했다. 역시 화엄경을 편찬 결집한 경가經家의 설명이다. 사람의 몸에는 어느 부분이든 모공이 없는 곳이 없다. 그러므로 부처님은 몸 전체에서 항상 광명을 뿜고 있다. 부처님의 몸은 몸 전체가 법이며, 진리며, 깨달음이며, 큰 공덕이며, 신통변화임을 뜻한다.

令阿僧祇衆觀察하며 阿僧祇衆歡喜하며 阿僧祇衆快樂하며 阿僧祇衆深信增長하며 阿僧祇衆志樂清淨하며 阿僧祇衆諸根清凉하며 阿僧祇衆恭敬尊重이러라

아승지 대중들이 관찰하게 하고, 아승지 대중들이 환희케 하고, 아승지 대중들이 즐기게 하고, 아승지 대중들의 신심을 증장케 하고, 아승지 대중들의 뜻을 청정케 하고, 아승지 대중들의 모든 근根을 청량케 하고, 아

승지 대중들이 공경하고 존중케 하였습니다.

위의 일곱 구절은 모공에서 항상 광명을 발하는 것으로 무수한 대중들이 이익을 얻은 내용이다. 무수한 대중들로 하여금 관찰하고 환희하고 즐기고 신심을 증장케 하고 뜻을 청정케 하고 모든 근을 청량케 하고 공경하고 존중하게 하는 이익이다.

25) 부처님이 몸에서 광명을 놓으시다

爾時大衆이 咸見佛身에 放百千億那由他不思議大光明하신대 一一光明이 皆有不思議色과 不思議光하야 照不思議無邊法界러니 以佛神力으로 出大妙音하사 其音이 演暢百千億那由他不思議

찬송   초제세간   소유언사   출세선근
讚頌하사대 **超諸世間**의 **所有言辭**하시니 **出世善根**

지소성취
之所成就하시며

   그때에 저 대중이 모두 부처님의 몸에서 백천억 나유타 부사의한 큰 광명을 놓으심을 보니, 낱낱 광명이 다 부사의한 색과 부사의한 빛이 있어 부사의한 끝없는 법계를 비추었습니다. 부처님의 위신력으로 크고 묘한 음성을 내고, 그 음성이 백천억 나유타 부사의한 찬송을 연설하여 펼치니 세간에 있는 모든 언사를 초월한 것인데 출세간의 선근으로 성취한 것이었습니다.

   앞에서는 모공에서 항상 저절로 빛나고 있는 광명이고, 지금은 부처님의 몸에서 백천억 광명을 놓는 것을 대중들이 보는 것이다. 낱낱 광명에 부사의한 색과 부사의한 빛이 있고 그 광명에서는 부처님의 위신력으로 크고 아름다운 소리를 내어 백천억 나유타 부사의한 찬송을 연설하여 펼치었다. 광명이란 곧 진리며, 진리의 가르침이며, 부처님 덕화가 널리 퍼짐이다.

復現百千億那由他不思議微妙莊嚴이 於百千億那由他不思議劫에 歎不可盡하시니 皆是如來無盡自在之所出生이시며

또 백천억 나유타의 부사의한 아름다운 장엄을 나타내는데, 백천억 나유타의 부사의한 겁 동안 찬탄하여도 다할 수가 없으니, 모두 여래의 다함없는 자재로 내는 것이었습니다.

부처님의 몸에서 광명을 놓아 무변법계에 두루 하고, 다시 아름다운 음성으로 찬탄하고, 다시 백천억 나유타의 장엄을 백천억 나유타 겁 동안 찬탄하였다.

又現不可說諸佛如來가 出興於世하사 令諸衆生으로 入智慧門하야 解甚深義하며

또 말할 수 없는 모든 부처님 여래께서 세상에 출현하여 모든 중생들로 하여금 지혜의 문에 들어가 깊은 이치를 알게 하였습니다.

부처님이 몸에서 광명을 놓아 많고 많은 여래가 세상에 출현하신 목적을 나타내었다. 그것은 모든 중생들로 하여금 지혜의 문에 들어가서 일체 존재의 존재 원리인 깊고 깊은 이치를 분명하게 잘 알도록 하신 것이다.

又現不可說諸佛如來의 所有變化하야 盡法界
虛空界의 令一切世間으로 平等淸淨하시니 如是가
皆從如來所住無障礙一切智生이요 亦從如來所
修行不思議勝德生이시며

또 말할 수 없는 부처님 여래의 갖은 변화를 나타내어 온 법계와 허공계에서 모든 세간을 평등하고 청정케 하니, 이와 같은 것은 모두 여래께서 머무신 바 장애가 없는 일체 지혜로부터 나는 것이며, 또한 여래께서 수행하신 바 부사의한 수승한 덕으로부터 나는 것이었습니다.

부처님이 몸에서 광명을 놓아 여래가 가지고 있는 모든 변화를 나타내어 온 법계에 있는 중생을 모두 청정케 한다. 부처님의 천변만화한 일체 작용은 일체 중생을 교화하기 위한 것이다. 보살의 왕성한 활동도 모두가 중생 교화를 위함이다. 불교가 세상에 존재하는 것도 역시 중생 교화를 위한 것이다.

부현백천억나유타부사의묘보광염 　　종
復現百千億那由他不思議妙寶光焰하시니 **從**

석대원선근소기　이증공양무량여래　　수청
昔大願善根所起라 **以曾供養無量如來**하사 **修淸**

정행　　무방일고　　살바야심　　무유장애　　생
淨行하야 **無放逸故**며 **薩婆若心**이 **無有障礙**하야 **生**

선근고
善根故시니라

다시 백천억 나유타의 부사의한 묘한 보배광명불꽃을 나타내니, 옛날의 큰 소원과 선근으로 생기는 것으로서, 일찍이 무량한 여래께 공양하면서 청정한 행을 닦고 방일하지 아니한 연고며, 일체 지혜의 마음[薩婆若心]이 장애가 없이 선근을 내는 연고입니다.

부처님이 몸에서 광명을 놓아 백천억 나유타의 부사의한 묘한 보배광명불꽃을 나타낸 것은 옛날의 큰 소원과 선근으로 생겼으며, 무량한 여래께 공양하며 청정한 행을 닦아서 생겼다. 또 일체 지혜의 마음이 장애가 없어서 선근을 닦아서 생긴 것이다. 그와 같은 원인으로 그와 같은 결과가 생긴 것이다.

26) 부처님이 몸에서 광명을 놓은 뜻

위현여래력광변고 위단일체중생의고 위
爲顯如來力廣徧故며 **爲斷一切衆生疑故**며 **爲**

령함득견여래고　영무량중생　　주선근고　현
令咸得見如來故며 **令無量衆生**으로 **住善根故**며 **顯**

시여래신통지력　무영탈고
示如來神通之力이 **無映奪故**며

　　여래의 힘이 넓고 두루 함을 나타내기 위한 연고며, 일체 중생의 의혹을 끊기 위한 연고며, 다 같이 여래를 친견하게 하기 위한 연고며, 한량없는 중생으로 하여금 선근에 머물게 하기 위한 연고며, 여래의 신통한 힘이 빼앗길 수 없음을 나타내 보이기 위한 연고입니다.

　　부처님은 모공에서 광명이 빛나고 또 몸에서는 광명을 놓았다. 그 까닭은 무엇인가. 여러 가지 까닭이 있다. 먼저 여래의 힘이 두루 함을 나타내고 다음은 중생들의 의혹을 끊기 위함이다. 광명은 곧 여래께서 깨달은 진리를 상징한다. 진리를 깨달았다는 사실로 인하여 중생에게 있던 모든 가르침에 대한 의혹은 사라진다. 믿고 이해하고 따르게 된다.

욕 령 중 생　　보 득 입 어 구 경 해 고　위 령 일 체
欲令衆生으로 **普得入於究竟海故**며 **爲令一切**

제 불 국 토 보 살 대 중　　개 래 집 고　위 욕 개 시 불
諸佛國土菩薩大衆으로 **皆來集故**며 **爲欲開示不**

가 사 의 불 법 문 고
可思議佛法門故니라

　중생으로 하여금 구경의 바다에 널리 들어가게 하는 연고며, 일체 모든 불국토의 보살 대중으로 하여금 다 와서 모이게 하는 연고며, 불가사의한 불법의 문을 열어 보이고자 하는 연고입니다.

　부처님이 몸에서 광명을 놓은 까닭은 중생들로 하여금 최후의 성불에 이르게 하기 위함이다. 또 보살 대중들로 하여금 다 모이게 하기 위함이다. 불가사의한 불법의 문을 모두 열어 보이기 위함이다.

27) 수승한 덕을 나타내 보이다

(1) 아래로 중생을 이익하게 하다

爾時(이시)에 如來(여래)가 大悲普覆(대비보부)하사 示一切智所有莊(시일체지소유장)
嚴(엄)하사 欲令不可說百千億那由他阿僧祇世界中(욕령불가설백천억나유타아승지세계중)
衆生(중생)의 未信者(미신자)로 信(신)하고 已信者(이신자)로 增長(증장)하고 已增長(이증장)
者(자)는 令其淸淨(영기청정)하고 已淸淨者(이청정자)는 令其成熟(영기성숙)하고 已成(이성)
熟者(숙자)는 令心調伏(영심조복)하며

그때에 여래가 큰 자비로 널리 덮으시어 일체 지혜에 있는 바 장엄을 보여 말할 수 없는 백천억 나유타 아승지 세계의 중생들로 하여금 아직 믿지 못한 이에게는 믿게 하고, 이미 믿은 이에게는 증장하게 하고, 이미 증장한 이에게는 청정하게 하고, 이미 청정한 이에게는 성숙하게 하고, 이미 성숙한 이에게는 그 마음으로 하여금 조복하게 하였습니다.

범부로부터 불법에 신심을 일으켜서 훌륭한 보살이 되게 하는 과정을 순서대로 나열하였다. 아직 믿지 못한 이에게는 믿게 하고, 이미 믿은 이에게는 그 믿음이 더 자라나게 하고, 다시 또 더욱 청정하고 훌륭한 믿음이 되게 하고, 다시 또 성숙하게 하고, 마지막에는 자신을 잘 조복하여 부드럽고 화평하게 한다. 이것이 수승한 덕으로 중생을 이익하게 하는 기본이다.

관심심법
觀甚深法하야
구족무량지혜광명
具足無量智慧光明하고
발생무량광대지심
發生無量廣大之心하야
살바야심
薩婆若心에
무유퇴전
無有退轉하며
불위법성
不違法性하고
불포실제
不怖實際하야
증진실리
證眞實理하며
만족일체바라밀행
滿足一切波羅蜜行하야
출세선근
出世善根이
개실청정
皆悉淸淨호미
유여보현
猶如普賢하야
득불자재
得佛自在하며

깊고 깊은 법을 관찰해서 한량없는 지혜광명을 구족하고, 한량없는 광대한 마음을 발생해서 일체 지혜의 마음[薩婆若心]에서 퇴전함이 없으며, 법성法性을 어기지 않고 실제實際를 두려워하지 아니하여 진실한 이치를 증득하며, 일체 바라밀행을 만족해서 세상을 벗어난 선근이 다 청정한 것이 마치 보현보살과 같아서 부처님의 자재함을 얻었습니다.

여래가 수승한 덕으로 중생을 이익하게 하는 데는 갖춰야 할 것이 또한 여러 가지가 있다. 깊은 법을 잘 관찰해서 지혜광명을 구족해야 하고, 광대한 마음을 내어서 일체 지혜에서 물러나지 않아야 한다. 끝내는 보현보살과 같아서 부처님의 자재함을 얻어야 한다.

離魔境界하고 入諸佛境하야 了知深法하고 獲難思智하야 大乘誓願에 永不退轉하며 常見諸佛하야

미증사리　　성취증지　　증무량법　　구족무
未曾捨離하고 成就證智하야 證無量法하고 具足無

변　복덕장력　　발환희심　　입무의지
邊한 福德藏力하고 發歡喜心하야 入無疑地하며

  마의 경계를 떠나고 모든 부처님의 경계에 들어가서 깊은 법을 분명히 알고 불가사의한 지혜를 얻어서 대승의 서원에서 영원히 퇴전하지 않았습니다. 항상 모든 부처님을 친견하여 일찍이 떠나지 아니하고 깨달음의 지혜를 성취해서 한량없는 법을 증득하고 끝없는 복덕의 힘을 구족하고 환희하는 마음을 내어 의심이 없는 경지에 들어갔습니다.

  또 마의 경계를 떠나 부처님의 경계에 들어가야 하며, 깊은 법을 분명히 알고 불가사의한 지혜를 얻어서 대승의 서원에서 영원히 퇴전하지 않아야 한다. 대승의 서원이란 모든 법을 다 알고 모든 중생을 다 가르쳐서 교화하는 것이다.

이악 청정   의일체지   견법부동   득입
離惡淸淨하고 **依一切智**하야 **見法不動**하며 **得入**
일체보살중회   상생삼세제여래가   세
一切菩薩衆會하야 **常生三世諸如來家**케하시니 **世**
존   소현여시장엄   개시과거   선소적집   선
尊의 **所現如是莊嚴**이 **皆是過去**에 **先所積集**한 **善**
근소성   위욕조복제중생고
根所成이라 **爲欲調伏諸衆生故**니라

악을 떠나 청정하고 일체 지혜를 의지해서 법이 변동이 없음을 보고, 일체 보살들의 모임에 들어가서 삼세 모든 여래의 집에 태어나게 하였습니다. 세존의 나타낸 바의 이와 같은 장엄이 다 과거에 먼저 쌓아 모은 선근의 이룬 바로서 모든 중생을 조복하고자 한 까닭입니다.

부처님이 수승한 덕으로 중생을 이익하게 하는 데는 수많은 조건과 방법들이 필요하다. 위에서 밝힌 모든 것들을 구족하고 궁극에는 여래의 집에 태어나야 한다.

(2) 위로는 부처님의 도를 넓히다

開示如來大威德故ᅟᅳᅠ며 照明無礙智慧藏故ᅟᅳᅠ며

示現如來無邊勝德ᅵ 極熾然故ᅟᅳᅠ며 顯示如來不

可思議大神變故ᅟᅳᅠ며 以神通力으로 於一切趣에 現

佛身故ᅟᅳᅠ니라

여래의 큰 위덕을 열어 보이는 연고며, 걸림이 없는 지혜의 창고를 밝게 비추는 연고며, 여래의 끝없는 수승한 덕이 지극히 치연함을 나타내 보이는 연고며, 여래의 불가사의한 큰 신통변화를 나타내 보이는 연고며, 신통력으로 일체의 취생趣生에 부처님의 몸을 나타내는 연고입니다.

여래의 수승한 덕을 나타내 보이는 까닭을 밝혔다. 큰 위덕을 열어 보이고, 걸림이 없는 지혜의 창고를 밝게 비추고, 끝없는 수승한 덕이 지극히 치연함을 나타내 보이기 위함이다. 결국은 덕행으로 덕을 드러낸다. 덕을 드러내는데 달리

무슨 방법이 있겠는가.

示現如來神通變化가 無邊際故며 本所志願이
悉成滿故며 顯示如來勇猛智慧가 能徧往故며 於
法에 自在하야 成法王故며 出生一切智慧門故며 示
現如來身淸淨故니라

 여래의 신통변화가 끝이 없음을 나타내 보이는 연고 며, 본래의 뜻과 서원이 다 충만함을 이루는 연고며, 여래의 용맹한 지혜가 능히 두루 가서 이름을 나타내 보이는 연고며, 법에 자재하여 법왕을 이루는 연고며, 일체 지혜의 문을 출생하는 연고며, 여래의 몸이 청정함을 나타내 보이는 연고입니다.

 여래의 수승한 덕을 나타내 보이는 것은 신통변화가 끝이 없음을 나타내 보이고, 본래의 뜻과 서원이 다 충만함을 이루고, 용맹한 지혜가 능히 두루 하는 것 등을 보이기 위함이다.

又現其身_이 最殊妙故_며 顯示證得三世諸佛平等法故_며 開示善根清淨藏故_며 顯示世間無能爲喩上妙色故_며 顯示具足十力之相_{하사} 令其見者_로 無厭足故_며 爲世間日_{하야} 照三世故_{니라} 自在法王_의 一切功德_이 皆從往昔善根所現_{이라} 一切菩薩_이 於一切劫_에 稱揚讚說_{하야도} 不可窮盡_{이리라}

또한 그 몸이 가장 특수하고 미묘함을 나타내는 연고며, 삼세제불의 평등한 법을 증득함을 나타내 보이는 연고며, 선근이 청정한 곳집을 열어 보이는 연고며, 세간이 능히 비유할 수 없는 미묘한 색을 나타내 보이는 연고며, 열 가지 힘을 구족한 모습을 나타내 보여서 그것을 보는 사람으로 하여금 싫어함이 없게 하는 연고며, 세간의 태양이 되어서 삼세를 비추는 연고입니다. 자재한 법왕의 일체 공덕은 모두 지난 옛적 선근으로부터 나타난 것입니다. 일체 보살이 일체 겁 동안 칭양하고 찬탄하여도 다할 수 없는 것입니다.

여래의 온갖 덕행을 칭양 찬탄하고 마지막에는 일체 보살이 일체 겁 동안 칭양하고 찬탄하여도 다할 수 없다고 하였다. 사람 사람이 본래로 갖춘 생명여래의 무량무변한 지혜와 자비와 공덕과 신통과 광명과 생명과 능력을 일체 보살이 일체 시간이 다할 때까지 칭양 찬탄하더라도 끝내 다할 수 없음을 장황하게 설하여 마쳤다.

6. 부처님을 궁전으로 청하다

爾時㈜에 兜率陀天王㈜이 奉爲如來㈜하야 嚴辦如是 諸供具已㈜하고 與百千億那由他阿僧祇兜率天子㈜로 向佛合掌㈜하고 白佛言㈜호대 善來世尊㈜이시여 善來善逝㈜시여 善來如來應正等覺㈜이시여 唯見哀愍㈜하사 處此宮殿㈜하소서

그때에 도솔타천왕이 여래를 받들어 모시기 위하여 이와 같은 모든 공양거리를 장엄하게 준비하고 나서 백천억 나유타 아승지 도솔천자들과 더불어 부처님을 향하여 합장하고 부처님께 사뢰어 말하였습니다. "잘 오셨습니다, 세존이시여. 잘 오셨습니다, 선서시여. 잘 오

셨습니다, 여래 응공 정등각이시여. 오직 불쌍히 여기시어 이 궁전에 들어오십시오."

    그동안 길고 긴 시간 동안 사람 사람이 본래로 갖춘 생명여래의 무량무변한 공덕을 칭양 찬탄하였다. 그리고 비로소 도솔천왕이 무량무수한 도솔천자들과 함께 부처님을 받들어 맞이하는 광경이다.

7. 부처님이 도솔천왕의 청을 받다

1) 부처님이 궁전에 들어가시다

<small>이시 세존 이불장엄 이자장엄 구대</small>
爾時에 **世尊**이 **以佛莊嚴**으로 **而自莊嚴**하사 **具大**

<small>위덕 위령일체중생 생대환희고 일체</small>
威德하사 **爲令一切衆生**으로 **生大歡喜故**며 **一切**

<small>보살 발심오해고 일체도솔타천자 증익욕</small>
菩薩로 **發深悟解故**며 **一切兜率陀天子**로 **增益欲**

<small>락고 도솔타천왕 공양승사 무염족고</small>
樂故며 **兜率陀天王**으로 **供養承事**하야 **無厭足故**며

<small>무량중생 연념어불 이발심고 무량중</small>
無量衆生으로 **緣念於佛**하야 **而發心故**며 **無量衆**

<small>생 종견불선근 복덕무진고</small>
生으로 **種見佛善根**하야 **福德無盡故**며

그때에 세존께서 부처님의 장엄으로 스스로 장엄하여 큰 위덕을 갖추고 일체 중생들로 하여금 큰 기쁨을 내게 하기 위한 연고며, 일체 보살들에게 깊은 깨달음과 이해를 발하게 하기 위한 연고며, 일체 도솔천자들이 욕낙을 증익케 하기 위한 연고며, 도솔타천왕이 공양하고 받들어 섬겨서 싫어함이 없게 하기 위한 연고며, 한량없는 중생이 부처님을 인연하여 발심하기 위한 연고며, 한량없는 중생이 부처님을 친견하는 선근을 심어서 복덕이 다함이 없도록 하기 위한 연고며,

이 세상에 보잘것없는 생명은 하나도 없지만, 설사 보잘것없는 생명이라 하더라도 그 한 생명이 작용하고 움직이는 데는 그만한 원인과 이유와 까닭이 있다. 하물며 여래께서 저 멀리 도솔천에 올라가신 일이겠는가. 그 까닭을 열 가지로 밝혔다.

상 능 발 기 청 정 신 고　　견 불 공 양　　무 소 구 고
常能發起清淨信故며 **見佛供養**하야 **無所求故**며

소유지원　　개청정고　　근집선근　　　무해식고
所有志願을 **皆淸淨故**며 **勤集善根**하야 **無懈息故**며

발대서원　　구일체지고　　수천왕청　　　입일
發大誓願하야 **求一切智故**로 **受天王請**하사 **入一**

체보장엄전　　　여차세계　　시방소유일체세
切寶莊嚴殿하시니 **如此世界**하야 **十方所有一切世**

계　실역여시
界도 **悉亦如是**라

　항상 능히 청정한 믿음을 일으키는 연고며, 부처님을 친견하고 공양하되 구하는 바가 없는 연고며, 가진 바의 뜻과 원을 다 청정히 한 연고며, 선근을 부지런히 모아서 게으름이 없는 연고며, 큰 서원을 발해서 일체 지혜를 구하는 연고로 도솔천왕의 청을 받아서 일체보장엄전에 들어가셨습니다. 이 세계와 같이 시방에 있는 일체 세계에서도 다 또한 이와 같았습니다.

　수승하고 또 수승한 이유와 까닭과 목적으로 드디어 부처님이 도솔천왕의 청을 받아들여서 일체보장엄전에 들어가셨다. 실로 움직임 없이 움직이고 옴이 없이 오신 것이다.

2) 궁전의 장엄과 공양구름

爾時에 一切寶莊嚴殿에 自然而有妙好莊嚴이
出過諸天莊嚴之上하야 一切寶網이 周帀彌覆하야
普雨一切上妙寶雲하며 普雨一切莊嚴具雲하며
普雨一切寶衣雲하며 普雨一切栴檀香雲하며 普
雨一切堅固香雲하며

그때에 일체보장엄전에 저절로 미묘하고 아름다운 장엄이 있었는데 다른 모든 하늘의 장엄보다 훨씬 뛰어났습니다. 일체 보배그물이 두루두루 가득히 펼쳐져서 일체 미묘한 보배구름을 널리 비 내리며, 일체 장엄거리 구름을 널리 비 내리며, 일체 보배옷구름을 널리 비 내리며, 일체 전단향구름을 널리 비 내리며, 일체 견고향 구름을 널리 비 내리었습니다.

普雨一切寶莊嚴蓋雲하며 普雨不可思議華聚雲하며 普出不可思議妓樂音聲하야 讚揚如來의 一切種智가 悉與妙法으로 而共相應하니 如是一切諸供養具가 悉過諸天供養之上이러라

 또 일체 보배장엄일산구름을 널리 비 내리며, 불가사의한 꽃무더기구름을 비 내리며, 불가사의한 춤과 음악 소리를 널리 내어서 여래의 일체 종지가 묘법妙法으로 더불어 다 같이 상응함을 찬탄하였습니다. 이와 같이 일체 모든 공양거리가 다른 모든 하늘의 공양거리보다 훨씬 뛰어났습니다.

 여래가 장엄전에 들어오시니 장엄전은 저절로 미묘하고 아름답게 장엄되었다. 그 장엄이 얼마나 아름답고 화려한지 다른 모든 하늘의 궁전 장엄보다 훨씬 뛰어나서 도저히 비교할 수 없었다. 하늘에서 비가 내리듯이 온갖 장엄거리들이 비 내리고 또 불가사의한 춤과 음악 소리를 널리 내어서 여

래의 일체 종지가 묘법妙法으로 더불어 다 같이 상응함을 찬탄하였다.

8. 도솔천왕이 이익을 얻다

時_에 兜率宮中妓樂歌讚_이 熾然不息_{호대} 以佛
神力_{으로} 令兜率王_{으로} 心無動亂_{하야} 往昔善根_이
皆得圓滿_{하며} 無量善法_이 益加堅固_{하며} 增長淨信
_{하야} 起大精進_{하며} 生大歡喜_{하야} 淨深志樂_{하며} 發菩
提心_{하야} 念法無斷_{하야} 總持不忘_{이러시니라}

그때에 도솔천궁에서 춤과 풍악과 노래와 찬탄이 치성하게 연주되어 쉬지 않았습니다. 부처님의 위신력으로 도솔천왕의 마음이 산란하지 아니하고 지난 옛적의 선근이 모두 원만하며, 한량없는 선한 법이 더욱더 견고하여 청정한 믿음이 증장하여 큰 정진을 일으키며, 큰 환희를 내어서 뜻이 청정하고 깊어지며, 보리심을 발하여 법을 생각함이 끊어지지 아니하고 모두 기억하여 잊어버리지 아니하였습니다.

여래가 도솔천궁에 들어오시니 도솔천왕이 저절로 큰 이익을 얻었다. 그 이익의 내용은 마음이 안정되고, 지난 옛적의 선근이 모두 원만하여지고, 한량없는 선한 법이 더욱더 견고하여지는 것 등등이다. 존귀하신 손님이 왕림하게 되면 그것만으로도 크나큰 이익을 얻는다. 그래서 우리들 인간 세상에서도 존귀한 분을 초청하려고 그처럼 노력을 기울이는 것이다.

9. 도솔천왕의 게송 찬탄

이시   도솔타천왕   승불위력   즉자억념
爾時에 **兜率陀天王**이 **承佛威力**하야 **卽自憶念**

과거불소   소종선근   이설송언
過去佛所에 **所種善根**하고 **而說頌言**호대

그때에 도솔타천왕이 부처님의 위신력을 받들어 지난 세상에 부처님께 심은 선근을 스스로 기억하고 게송으로 말하였습니다.

석유여래무애월   제길상중최수승
昔有如來無礙月이라 **諸吉祥中最殊勝**이시니

피증입차장엄전   시고차처최길상
彼曾入此莊嚴殿일새 **是故此處最吉祥**이로다

지난 옛적 무애월無礙月여래 계시었으매

여러 가지 길상 중에 가장 수승하며
그 부처님이 장엄전莊嚴殿에 일찍 드시었으니
그러므로 이곳이 가장 길상합니다.

여래가 도솔천궁에 들어오시니 도솔천왕이 그동안 도솔천궁을 다녀가신 부처님을 한 분 한 분 열거하였다. 모두 열 분의 이름을 들면서 이 궁전이 그래서 가장 길상하다고 찬탄하였다. 예컨대 아무리 작고 비좁은 식당이라 하더라도 유명인이 와서 식사를 한 일이 있으면 그것으로 곧 유명한 식당이 되는 경우와 같다. 하물며 저 사바세계 남섬부주 인도 부다가야 보리수나무 아래에서 정각을 이루신 세존께서 이 도솔천 궁전까지 오셨다면 얼마나 경사스럽겠는가. 이와 같이 과거 열 분의 여래께서 다녀가신 곳이다. 얼마나 유명하고 길상한 곳이겠는가. 첫 번째는 무애월無礙月여래이시다.

석 유 여 래 명 광 지
昔有如來名廣智라

제 길 상 중 최 수 승
諸吉祥中最殊勝이시니

피증입차금색전　　　　시고차처최길상
　　　彼曾入此金色殿일새　　**是故此處最吉祥**이로다

지난 옛적 광지廣智여래 계시었으매

여러 가지 길상 중에 가장 수승하며

그 부처님이 이 금색전金色殿에 일찍 드시었으니

그러므로 이곳이 가장 길상합니다.

　다음은 광지廣智여래이시고, 궁전의 이름도 본래는 일체보장엄전一切寶莊嚴殿인데 금색전金色殿이라고 달리하여 궁전의 또 다른 특색을 드러내었다.

　　　석유여래명보안　　　　제길상중최수승
　　　昔有如來名普眼이라　　**諸吉祥中最殊勝**이시니
　　　피증입차연화전　　　　시고차처최길상
　　　彼曾入此蓮華殿일새　　**是故此處最吉祥**이로다

지난 옛적 보안普眼여래 계시었으매

여러 가지 길상 중에 가장 수승하며

그 부처님이 이 연화전蓮華殿에 일찍 드시었으니

그러므로 이곳이 가장 길상합니다.

다음은 보안普眼여래이시고, 궁전의 이름을 연화전蓮華殿이라고 하여 궁전의 또 다른 특색을 드러내었다.

석유여래호산호	제길상중최수승
昔有如來號珊瑚라	諸吉祥中最殊勝이시니
피증입차보장전	시고차처최길상
彼曾入此寶藏殿일새	是故此處最吉祥이로다

지난 옛적 산호珊瑚여래 계시었으매
여러 가지 길상 중에 가장 수승하며
그 부처님이 이 보장전寶藏殿에 일찍 드시었으니
그러므로 이곳이 가장 길상합니다.

다음은 산호珊瑚여래이시고, 궁전의 이름을 보장전寶藏殿이라고 하여 궁전의 또 다른 특색을 드러내었다.

석 유 여 래 논 사 자 　　　　제 길 상 중 최 수 승
昔有如來論獅子라　　　**諸吉祥中最殊勝**이시니

피 증 입 차 산 왕 전 　　　　시 고 차 처 최 길 상
彼曾入此山王殿일새　　　**是故此處最吉祥**이로다

지난 옛적 논사자論獅子여래 계시었으매

여러 가지 길상 중에 가장 수승하며

그 부처님이 이 산왕전山王殿에 일찍 드시었으니

그러므로 이곳이 가장 길상합니다.

다음은 논사자論獅子여래이시다. 궁전의 이름을 산왕전山王殿이라 하여 궁전의 또 다른 특색을 나타내었다.

석 유 여 래 명 일 조 　　　　제 길 상 중 최 수 승
昔有如來名日照라　　　**諸吉祥中最殊勝**이시니

피 증 입 차 중 화 전 　　　　시 고 차 처 최 길 상
彼曾入此衆華殿일새　　　**是故此處最吉祥**이로다

지난 옛적 일조日照여래 계시었으매

여러 가지 길상 중에 가장 수승하며

그 부처님이 이 중화전衆華殿에 일찍 드시었으니

그러므로 이곳이 가장 길상합니다.

다음은 일조日照여래이시다. 궁전의 이름을 중화전衆華殿이라 하여 궁전의 또 다른 특색을 나타내었다.

석유불호무변광 　　　제길상중최수승
昔有佛號無邊光이라　**諸吉祥中最殊勝**이시니

피증입차수엄전 　　　시고차처최길상
彼曾入此樹嚴殿일새　**是故此處最吉祥**이로다

지난 옛적 무변광無邊光여래가 계시었으매

여러 가지 길상 중에 가장 수승하며

그 부처님이 이 수엄전樹嚴殿에 일찍 드시었으니

그러므로 이곳이 가장 길상합니다.

다음은 무변광無邊光여래이시다. 궁전의 이름을 수엄전樹嚴殿이라 하여 궁전의 또 다른 특색을 나타내었다.

석유여래명법당
昔有如來名法幢이라

제길상중최수승
諸吉祥中最殊勝이시니

피증입차보궁전
彼曾入此寶宮殿일새

시고차처최길상
是故此處最吉祥이로다

지난 옛적 법당法幢여래 계시었으매
여러 가지 길상 중에 가장 수승하며
그 부처님이 이 보궁전寶宮殿에 일찍 드시었으니
그러므로 이곳이 가장 길상합니다.

다음은 법당法幢여래이시다. 궁전의 이름을 보궁전寶宮殿이라 하여 궁전의 또 다른 특색을 나타내었다.

석유여래명지등
昔有如來名智燈이라

제길상중최수승
諸吉祥中最殊勝이시니

피증입차향산전
彼曾入此香山殿일새

시고차처최길상
是故此處最吉祥이로다

지난 옛적 지등智燈여래 계시었으매
여러 가지 길상 중에 가장 수승하며
그 부처님이 이 향산전香山殿에 일찍 드시었으니

그러므로 이곳이 가장 길상합니다.

다음은 지등智燈여래이시다. 궁전의 이름을 향산전香山殿이라 하여 궁전의 또 다른 특색을 나타내었다.

석유불호공덕광	제길상중최수승
昔有佛號功德光이라	**諸吉祥中最殊勝**이시니
피증입차마니전	시고차처최길상
彼曾入此摩尼殿일새	**是故此處最吉祥**이로다

지난 옛적 공덕광功德光여래 계시었으매
여러 가지 길상 중에 가장 수승하며
그 부처님이 이 마니전摩尼殿에 일찍 드시었으니
그러므로 이곳이 가장 길상합니다.

다음은 공덕광功德光여래이시다. 궁전의 이름을 마니전摩尼殿이라 하여 궁전의 또 다른 특색을 나타내었다. 이와 같이 열 분의 부처님이 다녀가셨다. 그래서 이 궁전이 더욱 길상한 궁전임을 밝혔다.

여차세계도솔천왕 승불신력   이송찬탄
如此世界兜率天王이 **承佛神力**하고 **以頌讚歎**

과거제불   시방일체제세계중도솔천왕 실
過去諸佛하야 **十方一切諸世界中兜率天王**도 **悉**

역여시   탄불공덕
亦如是하야 **歎佛功德**이러라

이 세계의 도솔천왕이 부처님의 위신력을 받들어 지나간 부처님들을 게송으로 찬탄한 것과 같이 시방 일체 모든 세계의 도솔천왕들도 모두 또한 이와 같이 부처님의 공덕을 찬탄하였습니다.

화엄경은 언제나 하나의 나뭇잎이 흔들릴 때 온 우주가 함께 흔들리는 이치를 밝히고 있다. 이곳 도솔천에서 과거 부처님을 게송으로 찬탄하듯이 시방 일체 세계의 도솔천에서도 똑같이 부처님의 공덕을 찬탄하였다.

10. 부처님이 사자좌에 오르다

1) 사자좌에서 결가부좌하시다

爾時_에 世尊_이 於一切寶莊嚴殿摩尼寶藏獅子座上_에 結跏趺坐_{하시니라}

그때에 세존이 일체보배장엄전의 마니보장 사자좌 위에 결가부좌하고 앉으시었습니다.

세존께서 인도 부다가야의 보리수나무 밑을 떠나지 않은 채 수십억 광년의 거리에 있는 그 멀고 먼 도솔천에 올라가시어 이제 비로소 궁전에 있는 사자좌에 가부좌를 하고 앉으시었다. 보리수나무 밑을 떠나지 않고 가셨으나 멀기는 참으로 먼 것 같다. 화엄경 제22권이 처음 시작될 때 출발하여 지금 한 권의 마지막 부분에 이르러 비로소 사자좌에 앉게 되었다. 그러나 이것은 어디까지나 필자의 말이다. 그리고 글이 장황하기 때문이다. 부처님은 시간과 공간에 자유자재한 큰 깨달음[大覺]이라는 우주선을 타고 다니기 때문에 수십억 광년을 이동한다 하더라도 한순간이다. 그리고 가도 가는 것이 아니면서 가기 때문에 거리나 시간의 장애는 애초에 없다.

2) 부처님의 덕을 나타내다

法身淸淨하고 妙用自在하사 與三世佛로 同一境界하시며 住一切智하사 與一切佛로 同入一性하시며 佛眼明了하사 見一切法에 皆無障礙하시며 有大威力하사 普遊法界하사 未嘗休息하시며 具大神通하사

隨有可化衆生之處_{하사} 悉能徧往_{하사대} 以一切諸
佛無礙莊嚴_{으로} 而嚴其身_{하시고} 善知其時_{하사} 爲
衆說法_{이러시니라}

  법신이 청정하고 묘한 작용이 자재하사 삼세의 부처님들과 경계가 같으시며, 일체 지혜에 머물러 일체 부처님과 더불어 한 성품에 같이 들었으며, 부처님 눈이 밝으사 일체 법을 보시되 장애가 없으며, 큰 위력이 있어 법계에 널리 노니시어 쉬지 않으시며, 큰 신통을 갖추시고 교화할 중생이 있는 데는 모두 나아가시며, 일체 모든 부처님의 걸림 없는 장엄으로 그 몸을 장엄하고 그 시기를 잘 아시며, 대중에게 법을 말씀하시었습니다.

  부처님이 사자좌에 오르시니 다시 또 부처님의 덕을 간략히 나타낸다. 먼저 "법신이 청정하고 묘한 작용이 자재하사 삼세의 부처님들과 경계가 같다."라고 하였다. 이것이 곧 큰 깨달음이라는 우주선으로 시간과 공간에 아무런 장애 없이 시방세계를 순식간에 자유자재로 다니시는 모습이다. 또 "큰 위력이 있어 법계에 널리 노니시어 쉬지 않으시며, 큰 신통을 갖추시고 교화할 중생이 있는 데는 모두 나아가신다."라고 한 것도 곧 그 증거다. 실은 우리들도 부처님의 큰 깨달음이라는 우주선에 편승하여 시간과 공간에 아무런 장애 없이 시방세계를 순식간에 자유자재로 따라다닌다.

3) 대중이 운집하다

不可說諸菩薩衆이 各從他方種種國土하야 而共來集하니 衆會淸淨하며 法身無二하며 無所依止하야 而能自在하야 起佛身行이러라

불가설제보살중 각종타방종종국토 이
공래집 중회청정 법신무이 무소의지
이능자재 기불신행

 가히 말할 수 없이 많은 모든 보살 대중이 각각 다른 지방의 가지가지 국토로부터 함께 와서 모이니 대중들

의 모임이 청정하며, 법신이 둘이 없으며, 의지하는 바가 없어서 능히 자재하여 부처님의 몸의 행을 일으켰습니다.

부처님의 큰 깨달음이라는 우주선에는 우리 독자들만 편승하여 따라다니는 것이 아니라 잘 살펴보니 다른 지방의 가지가지 국토에 있는 무수히 많은 보살들까지 함께 따라와서 모였다. 우리들 중생도 시공을 초월해서 따라다니는데 하물며 보살들이겠는가. 매우 당연한 이치이다.

4) 궁전의 장엄

坐此座已하신대 於其殿中에 自然而有無量無數殊特妙好한 出過諸天供養之具호대 所謂華鬘과 衣服과 塗香末香과 寶蓋幢幡과 妓樂歌讚이니 如

是_시等_등事_사가 一_일一_일皆_개悉_실不_불可_가稱_칭數_수라 以_이廣_광大_대心_심으로 恭_공敬_경尊_존重_중하야 供_공養_양於_어佛_불하니 十_시方_방一_일切_체兜_도率_솔陀_타天_천도 悉_실亦_역如_여是_시라

  이 사자좌에 앉으시고 나니 그 궁전 가운데서 저절로 한량없고 헤아릴 수 없이 많으며, 특수하게 아름다워 모든 다른 하늘의 것보다 훨씬 뛰어난 공양거리가 있었습니다. 소위 꽃다발의복과 바르는 향과 가루향과 보배일산과 깃대와 번과 풍악과 노래와 찬탄이었습니다. 이와 같은 등의 일들이 낱낱이 다 헤아릴 수 없었습니다. 넓고 큰 마음으로 공경하고 존중하여 부처님께 공양하니 시방의 일체 도솔타천에서도 다 또한 이와 같았습니다.

  부처님이 도솔천궁의 사자좌에 앉으시니 그 궁전이 여러 가지 공양거리로 저절로 아름답게 장엄되는데 특수하게 아름다워 모든 다른 하늘의 것보다 훨씬 뛰어난 것들이었다.

이러한 광경은 일체 대중들이 넓고 큰 마음으로 부처님을 공경하고 존중하기 때문이었다. 이와 같은 일이 언제나처럼 시방의 일체 도솔타천에서도 다 또한 이와 같았다. 하나의 나뭇잎이 흔들릴 때 온 우주가 함께 흔들리는 것으로 보는 화엄의 안목이다.

여기까지 부처님께서 십회향법문을 증명하기 위해서 도솔천으로 올라가시는 과정과 도솔천에 모인 대중이 자신들의 깨달음을 통해서 부처님의 덕을 밝히는 내용과 도솔천왕이 궁전을 찬탄하는 내용을 모두 마쳤다.

승도솔천궁품 끝

〈제22권 끝〉

華嚴經 構成表

分次	周次			內容	品數	會次
舉果勸樂生信分 (信)	所信因果周			如來依正	世主妙嚴品 第一 如來現相品 第二 普賢三昧品 第三 世界成就品 第四 華藏世界品 第五 毘盧遮那品 第六	初會
修因契果生解分 (解)	差別因果周	差別因	十信		如來名號品 第七 四聖諦品 第八 光明覺品 第九 菩薩問明品 第十 淨行品 第十一 賢首品 第十二	二會
			十住		昇須彌山頂品 第十三 須彌頂上偈讚品 第十四 十住品 第十五 梵行品 第十六 初發心功德品 第十七 明法品 第十八	三會
			十行		昇夜摩天宮品 第十九 夜摩天宮偈讚品 第二十 十行品 第二十一 十無盡藏品 第二十二	四會
			十迴向		昇兜率天宮品 第二十三 兜率宮中偈讚品 第二十四 十迴向品 第二十五	五會
			十地		十地品 第二十六	六會
			等覺		十定品 第二十七 十通品 第二十八 十忍品 第二十九 阿僧祇品 第三十 如來壽量品 第三十一 菩薩住處品 第三十二	七會
		差別果	妙覺		佛不思議法品 第三十三 如來十身相海品 第三十四 如來隨好光明功德品 第三十五	
	平等因果周	平等因			普賢行品 第三十六	
		平等果			如來出現品 第三十七	
托法進修成行分 (行)	成行因果周			二千行門	離世間品 第三十八	八會
依人證入成德分 (證)	證入因果周			證果法門	入法界品 第三十九	九會

(資料：文殊經典研究會)

會場	放光別	會主	入定別	說法別舉
菩提場	遮那放齒光眉間光	普賢菩薩為會主	入毘盧藏身三昧	如來依正法
普光明殿	世尊放兩足輪光	文殊菩薩為會主	此會不入定，信未入位故	十信法
忉利天宮	世尊放兩足指光	法慧菩薩為會主	入無量方便三昧	十住法門
夜摩天宮	如來放兩足趺光	功德林菩薩為會主	入菩薩善思惟三昧	十行法門
兜率天宮	如來放兩膝輪光	金剛幢菩薩為會主	入菩薩智光三昧	十迴向法門
他化天宮	如來放眉間毫相光	金剛藏菩薩為會主	入菩薩大智慧光明三昧	十地法門
再會普光明殿	如來放眉間口光	如來為會主	入剎那際三昧	等妙覺法門
三會普光明殿	此會佛不放光，表行依解法依解光故	普賢菩薩為會主	入佛華莊嚴三昧	二千行門
祇陀園林	放眉間白毫光	如來善友為會主	入獅子頻申三昧	果法門

如天 無比

1943년 영덕에서 출생하였다. 1958년 출가하여 덕흥사, 불국사, 범어사를 거쳐 1964년 해인사 강원을 졸업하고 동국역경연수원에서 수학하였다. 10여 년 선원생활을 하고 1976년 탄허 스님에게 화엄경을 수학하고 전법, 이후 통도사 강주, 범어사 강주, 은해사 승가대학원장, 대한불교조계종 교육원장, 동국역경원장, 동화사 한문불전승가대학 원장 등을 역임하였다.

2018년 5월에는 수행력과 지도력을 갖춘 승랍 40년 이상 되는 스님에게 품서되는 대종사 법계를 받았다. 현재 부산 문수선원 문수경전연구회에서 150여 명의 스님과 300여 명의 재가 신도들에게 화엄경을 강의하고 있다. 또한 다음 카페 '염화실'(http://cafe.daum.net/yumhwasil)을 통해 '모든 사람을 부처님으로 받들어 섬김으로써 이 땅에 평화와 행복을 가져오게 한다.'는 인불사상人佛思想을 펼치고 있다.

저서로 『무비 스님의 유마경 강설』(전 3권), 『대방광불화엄경 실마리』, 『무비 스님의 왕복서 강설』, 『무비 스님이 풀어 쓴 김시습의 법성게 선해』, 『법화경 법문』, 『신금강경 강의』, 『직지 강설』(전 2권), 『법화경 강의』(전 2권), 『신심명 강의』, 『임제록 강설』, 『대승찬 강설』, 『당신은 부처님』, 『사람이 부처님이다』, 『이것이 간화선이다』, 『무비 스님과 함께하는 불교공부』, 『무비 스님의 증도가 강의』, 『일곱 번의 작별인사』, 무비 스님이 가려 뽑은 명구 100선 시리즈(전 4권) 등이 있고 편찬하고 번역한 책으로 『화엄경(한글)』(전 10권), 『화엄경(한문)』(전 4권), 『금강경 오가해』 등이 있다.

대방광불화엄경 강설 제22권

| 초판 1쇄 발행_ 2015년 4월 27일
| 초판 3쇄 발행_ 2024년 6월 29일

| 지은이_ 여천 무비(如天 無比)
| 펴낸이_ 오세룡
| 편집_ 박성화 손미숙 윤예지 여수령 정연주
| 기획_ 곽은영 최윤정
| 디자인_ 고혜정 김효선 최지혜
| 홍보 마케팅_ 정성진
| 펴낸곳_ 담앤북스
    서울특별시 종로구 새문안로3길 23 경희궁의 아침 4단지 805호
    대표전화 02)765-1250(편집부) 02)765-1251(영업부) 전자우편 dhamenbooks@naver.com
    출판등록 제300-2011-115호
| ISBN 978-89-98946-52-4 04220

정가 14,000원

ⓒ 무비스님 2015